0710

Constituição e Publicidade

SOBRE OS LIMITES E POSSIBILIDADES DO CONTROLE JURISDICIONAL DA PUBLICIDADE PESSOAL DA ADMINISTRAÇÃO

F497c Finger, Julio Cesar
   Constituição e publicidade: sobre os limites e possibilidades do do controle jurisdicional da publicidade pessoal da administração / Julio Cesar Finger. – Porto Alegre: Livraria do Advogado Ed., 2006.
   156 p.; 23 cm.
   ISBN 85-7348-439-X

   1. Administração pública. 2. Publicidade. 3. Publicidade governamental. 4. Corrupção administrativa. 5. Constituição. 6. Princípio constitucional. I. Título.

CDU - 35

Índices para catálogo sistemático

Administração pública
Publicidade
Publicidade governamental
Corrupção administrativa
Constituição
Princípio constitucional

(Bibliotecária responsável: Marta Roberto, CRB-10/652)

Julio Cesar Finger

Constituição e Publicidade
SOBRE OS LIMITES E POSSIBILIDADES DO CONTROLE JURISDICIONAL DA PUBLICIDADE PESSOAL DA ADMINISTRAÇÃO

Porto Alegre 2006

© Julio Cesar Finger, 2006

Capa, projeto gráfico e diagramaçãp de
Livraria do Advogado Editora

Revisão
Rosane Marques Borba

Direitos desta edição reservados por
Livraria do Advogado Editora Ltda.
Rua Riachuelo, 1338
90010-273 Porto Alegre RS
Fone/fax: 0800-51-7522
editora@livrariadoadvogado.com.br
www.doadvogado.com.br

Impresso no Brasil / Printed in Brazil

Aos meus pais, Achylles José Finger e Marlova Elisa Finger
In memoriam

Prefácio

A obra *Constituição e Publicidade*, que tenho a honra de prefaciar, do Professor Julio Cesar Finger, aborda, com grande propriedade, um dos temas mais nobres do Direito Constitucional Administrativo: o alcance da sindicabilidade do princípio da publicidade impessoal. Enfoca-o com rigor, numa pesquisa enriquecida pela condição de brilhante Mestre em Direito da PUCRS e membro do Ministério Público do Rio Grande do Sul. Em outros termos, oferece um valioso exame denso e crítico – inclusive jurisprudencial – do princípio da publicidade na sua relação com os demais princípios e prescreve a releitura fecunda do art. 37, § 1º, da Constituição, entendendo-o, sem reducionismos unilaterais, no bojo de um sistema carente de efetividade.

Propõe, com séria ousadia, a ultrapassagem, na seara das relações administrativas, do legalismo estrito ou formalista, na busca da ampliação eficacial do princípio da publicidade, notadamente ao enfrentar intrincadas questões relativas ao modo de veiculação e concepção da publicidade governamental, eis que, não raro, tal publicidade tem servido precipuamente à promoção pessoal e não guarda a mínima adequação teleológica com o comando constitucional.

Não há exagero, pois, em asseverar: o segredo e o direito fundamental à boa administração pública são, em certa medida, antitéticos. Com efeito, sem visibilidade adequada, não há salvação para o Estado Democrático. O fim da opacidade é uma das promessas não-cumpridas – para evocar Bobbio – da democracia. No entanto, o Direito Público, só muito lentamente, deixa de ser monológico para se tornar dialógico e transparente, menos unilateral e impositivo. Uma das razões para a lentidão reside na confusão entre publicidade legítima, proba e impessoal e a deformante promoção particularista, que reforça traços autocráticos e arbitrários concentradores do poder pessoal.

Nessa medida, toda publicidade que não cumpre as funções constitucionais, seja por insuficiência, seja por promoção pessoal e viciada, conspira contra o jogo democrático. Cobra-se, assim, em sintonia com o Autor, o exercício fundamentado e translúcido do poder estatal, vale dizer, a alastrada publicidade legítima e a motivação, que são antídotos contra o exercício autofágico e coisificante do poder pela ausência de fundamentação reflexiva e conseqüente quebra de sistematicidade. Mas isso somente será possível, como bem observa o Autor, se o agente público respeitar o dever de ser transparente na máxima medida. Em suma, carecemos, mais do que nunca, robustecer a incidência do princípio da publicidade, nos devidos termos, no intuito de assegurar, nas relações de administração, o primado dos direitos e princípios fundamentais.

O livro em tela almeja contribuir, sem dúvida, para a emergência de um novo controle dos atos administrativos, simultaneamente avesso a automatismos rígidos e à discricionariedade pura. Enfim, um controle compatível com as presentes feições de racionalidade paradigmaticamente transformada, norteada pelo conjunto dos princípios que, sem dilações indevidas, precisam reger as relações de administração.

Tomara que a leitura da obra *Constituição e Publicidade* represente poderoso estímulo à observância rigorosa do direito fundamental à boa administração pública. Tenho certeza de que esta é a intenção do Autor.

Prof. Dr. Juarez Freitas

Professor do Mestrado e do Doutorado em Direito da PUCRS,
de Direito Administrativo da UFRGS, da AJURIS e da EMAGIS-TRF-4,
Presidente do Instituto Brasileiro de Direito Administrativo,
Advogado e Consultor

Sumário

Apresentação – *Ingo Wolfgang Sarlet*	11
Introdução	13
1. O princípio da impessoalidade na administação pública	19
1.1. Primeiros lineamentos conceituais	19
1.2. A administração pública no Estado de direito e os princípios da legalidade e igualdade	20
1.3. A herança colonial brasileira: patrimonialismo e estamento. A hierarquização e a pessoalidade como traços da sociedade e da administração	31
1.4. O princípio da impessoalidade na doutrina brasileira	36
1.5. O princípio da impessoalidade no direito comparado	43
1.5.1. Direito inglês	43
1.5.2. Direito francês e alemão	45
1.5.3. Direito espanhol	46
1.5.4. Direito italiano	47
1.5.5. Direito português	49
1.6. Impessoalidade e imparcialidade	55
1.7. Impessoalidade e igualdade	61
1.8. Impessoalidade e moralidade	65
1.9. A impessoalidade como direito fundamental	68
1.10. Concretizações do princípio da impessoalidade na legislação infraconstitucional e jurisprudência brasileiras	72
1.11. Breves conclusões parciais	75
2. Princípio da publicidade: algumas notas sobre sua função no estado democrático de direito, conceito e papel no mercado político	77
2.1. O princípio da publicidade. A publicidade como requisito de eficácia dos atos administrativos. Conceito e importância para o Estado Democrático de Direito	77
2.2. Propaganda e publicidade	81
2.3. O mercado político. Influência e papel da propaganda e publicidade	84
3. Da regra do art. 37, § 1º, da constituição federal: sua interpretação e aplicação em um sistema constitucional aberto de princípios e regras	91

3.1. Breves considerações sobre o direito e a Constituição como um sistema de princípios e regras. Os princípios da proporcionalidade e da concordância prática 91
3.2. Estrutura e conteúdo da regra do art. 37, § 1º, da CF 96
 3.2.1. Generalidades 96
 3.2.2. A publicidade dos atos, programas, obras, serviços e campanhas dos órgãos públicos 99
 3.2.3. Caráter educativo, informativo ou de orientação social, dela não podendo constar nomes símbolos ou imagens que caracterizem promoção pessoal 101
 3.2.4. Autoridades ou servidores públicos. 110
3.3. A dimensão positiva do princípio da impessoalidade e a regra do art. 37, §, da CF 112
3.4. Algumas questões relativas ao modo de veiculação e concepção da publicidade governamental 113
3.5. Da necessidade de abandono da dogmática própria do legalismo positivista 116

4. Uma exploração na jurisprudência acerca da publicidade pessoal na administração pública 117
4.1. Generalidades 117
4.2. O STJ e o critério da ênfase 118
4.3. Utilização de nomes ou imagens 119
 4.3.1. Homenagem de reconhecimento de agente público e comemoração de aniversário de mandato. Uma condenação por crime de responsabilidade (DL nº 201/67) 119
 4.3.2. Nomes em placas, impressos, veículos e bens públicos 119
 4.3.3. Nomes e imagens em prestações de contas e outras publicações por meio da imprensa 121
4.4. Utilização de símbolos, *slogans*, associados ou não a outras modos de representação de idéias ou pessoas 123
 4.4.1. Administração dos Trabalhadores 123
 4.4.2. O polêmico *slogan* "Administração Popular" 124
 4.4.3. Administração "Novo Tempo" 131
 4.4.4. Nomes, *slogan* e imagens 133
 4.4.5. *Slogan* e imagens 134
 4.4.6. Revistas, livros, editoriais e *slogan* 138
 4.4.7. Filme de televisão e *slogan* 139
 4.4.8. Símbolos (logotipos e siglas) 140
 4.4.9. Anúncio de encaminhamento de projeto de lei 142
4.5. Breves conclusões acerca da jurisprudência comentada 144

Conclusões 147

Referências Bibliográficas 151

Apresentação

É com particular alegria e satisfação que recebi o convite do Mestre, Professor e Promotor de Justiça Julio Cesar Finger para apresentar a presente obra sobre o tema da Publicidade (notadamente sobre os limites e possibilidades do controle jurisdicional da publicidade pessoal) no âmbito da Administração Pública e na Constituição Federal brasileira de 1988. Cuida-se de texto elaborado a partir de profunda reflexão teórica no âmbito dos estudos e da pesquisa desenvolvida pelo autor quando da realização do seu Mestrado em Direito na Faculdade de Direito da PUCRS, sob a orientação segura e talentosa do Professor Doutor Juarez Freitas. Sem descurar de uma abordagem histórica e comparativa, o autor transita, na parte nuclear do trabalho, com segurança pela seara árdua da principiologia e da hermenêutica constitucional, de modo especial, enfatizando o estreito vínculo entre o tema da publicidade e os princípios (fundamentais) da impessoalidade, da moralidade e da igualdade no contexto do Estado Democrático de Direito consagrado pela Constituição de 1988. Em especial, merecedora de aplausos a correta inserção do tema da publicidade no contexto mais amplo dos direitos fundamentais e a referência a um direito fundamental à impessoalidade da atuação da administração pública. Com efeito, a exemplo do que já tem sido sustentado à luz da Carta Européia dos Direitos Fundamentais de 2000 (ainda que – por ora – não exatamente vinculativa), verifica-se que o Constituinte de 1988 também – ainda que não direta e explicitamente – consagrou a noção de que existe sim um direito fundamental (em sentido amplo, portanto, necessariamente complexo, multidimensional e multifuncional) a uma boa administração, que, necessariamente, será uma administração pautada pelos princípios da moralidade (probidade), impessoalidade, eficiência, igualdade, proporcionalidade e pelo respeito e pela promoção da dignidade da pessoa humana e dos direitos e garantias fundamentais que lhe são inerentes. De outra parte, oportuna e bem-balanceada a introdução de exemplos da jurisprudência e a discussão de situações concretas, honrando a tradição do Programa de Pós-Graduação em Direito (Mestrado e Doutorado) da PUCRS no sentido de privilegiar a possível e necessária aliança entre uma sólida fundamentação teórico-jurídica com os desafios concretos da realidade da vida.

Por todo o exposto, estão de parabéns o autor, a editora e o público, que certamente encontrará na obra ora publicada uma qualificada fonte para uma discussão acadêmica de alto nível e uma atuação profissional com efetivo impacto social.

Porto Alegre, julho de 2006.

Prof. Dr. Ingo Wolfgang Sarlet
Titular de Direito Constitucional na PUCRS
e Juiz de Direito em Porto Alegre

Introdução

O presente trabalho, com algumas brevíssimas alterações, foi a dissertação de mestrado por mim apresentada em setembro de 2003, no Programa de Pós-Graduação em Direito da Pontifícia Universidade Católica do Rio Grande do Sul – PUCRS, na área de concentração "Instituições de Direito do Estado", sob a orientação do Prof. Dr. Juarez Freitas.

Segundo aprendemos, o pesquisador do direito, como de qualquer ciência, social ou natural, deve ser um "abridor de caminhos". Esses caminhos podem ser, mais tarde, seguidos por outros pesquisadores, que confirmarão, ou não, o "roteiro" dado previamente. O pesquisador pode, inclusive, nem mesmo iniciar o caminho, mas apenas indicar onde julga adequado que outrem possa iniciá-lo; ou mesmo dizer que nenhum caminho há a ser seguido. O presente trabalho procurou indicar um caminho, seguindo uma orientação centrípeta, que é a visão do ordenamento jurídico como um sistema aberto, formado por princípios e regras, sendo que, nesse sistema, sobressai, como direito superior, o constitucional, materializado nas normas constitucionais.

Mesmo assim, metodologicamente orientado, procurará esse trabalho não ser demasiadamente ouriço, mas também ser raposa. Isaiah Berlin, citado por Celso Lafer,[1] baseado em um verso do poeta grego Arquíloco,[2] criou uma classificação dos pensadores e escritores em ouriços e raposas. Ouriços seriam aqueles que trabalham seguindo um princípio básico e fundante, articulando uma perspectiva monista e centrípeta da realidade, do qual nunca se afastam. Raposas se interessam por várias coisas, perseguem vários fins, por vezes contraditórios, cuja conexão não é óbvia ou explícita. Esses são as raposas. Procurou-

---
[1] *A reconstrução dos Direitos Humanos*, p. 13.
[2] "Muitas coisas sabe a raposa, mas o ouriço uma grande".

se, assim, mesmo correndo o risco de dispersão, mas crendo poder ser cientificamente honesto, mostrar lugares onde portas podem ser abertas. Em pouca palavra: ser um pouco raposa.

O tema a ser pesquisado e o interesse pelo assunto têm origem na prática jurídica do seu autor, que já o enfrentou, em uma situação profissional, quando ainda era impregnado pela visão, infelizmente ainda em voga entre nós, do direito como um sistema axiomático-dedutivo, formalista e legalista. Lá, em tempos não tão longínquos, percebeu que uma tal concepção já não se prestava para a construção de um Estado Democrático de Direito tal qual instituído pela Constituição Democrática de 1988.

O tema desse estudo, a publicidade oficial como promoção pessoal, constitui-se numa espécie de corrupção. Tornou-se um "lugar comum" falar de corrupção na Administração Pública no Brasil. Tão comum quanto perigoso, se de uma tal exposição do problema resultar um consenso do tipo "é assim mesmo", bem ao gosto da nossa "cordial" tradição política, onde o *slogan* "rouba mas faz" já foi concebido e utilizado em publicidade eleitoral sem rubor facial. É certo, malgrado as mitificações, que a corrupção em nosso país já é notória na comunidade internacional, já tendo sido considerada como endemia em relatório elaborado pela Embaixada Americana no Brasil, no ano de 1997, ao final alterado após protestos da diplomacia brasileira e do próprio Presidente. De tempos em tempos, a questão retorna à pauta jornalística, ante a descoberta de mais um desmando administrativo. O problema da corrupção na administração pública, no entanto, em seus múltiplos graus e facetas, está longe de ser novo e tampouco é "privilégio" brasileiro ou de países de pouca tradição civilizatória, como nos evidencia o denominado "Informe Nolan", recebido pelo Parlamento Britânico em 16 de maio de 1995.[3] Os conhecidos episódios de fraude contábil em grandes companhias americanas, que vieram a público nos primeiros tempos da "Era Bush" e provocaram abalos no mundo capitalista globalizado, também estão a demonstrar o contrário do que, com uma certa dose de falta de amor próprio, se supõe.

---

[3] Os Nolan's Reports, em número de dois, foram o resultado do trabalho de uma comissão presidida pelo Juiz Nolan, denominada *Comitee on Standards in Public Life*, constituída por solicitação do Primeiro Ministro britânico, em 1994, que se encarregou de enfrentar os problemas relativos à corrupção política e à "partidocracia" na Inglaterra. *In:* GARCÍA DE ENTERRÍA, Eduardo. *Democracia, Jueces y Control de la Administración*, p. 82, nota 90, e 84 e ss.

Endêmica ou não, a falta de pesquisa, máxime a empírica, deixa o pesquisador sem referenciais científicos para fazer afirmativas acerca da corrupção. Não se sabe, da mesma forma, se houve um incremento na malversação dos dinheiros públicos, após a redemocratização do país, com a promulgação da CF/88, ou se apenas há mais transparência desse fenômeno complexo, por conta da liberdade de expressão e de imprensa. A julgar pelos notórios casos "adubo-papel" e "Coroa-Brastel", ocorridos no período dos governos militares, a segunda hipótese acenada parece ser a mais correta. De qualquer modo, dada a constatação de que o assunto de tempos em tempos, é trazido à baila, parte-se do pressuposto que a prática é corrente.[4] Além disso, há entre nós estudos aprofundados que denunciam a origem patrimonialista de nossa formação social e administrativa, cujo resultado não poderia ser outro que não uma aversão à máxima da igualdade formal e, portanto, da impessoalidade. Desse modo, o pesquisador brasileiro não pode desconhecer essa realidade, mesmo que não tenha que adotar uma postura não excessivamente crítica ou pessimista em relação à realidade nacional.

O que genericamente se denomina de corrupção, geralmente associada à administração pública, pode ser traduzida na idéia de desvio de dinheiro público, em proveito próprio ou alheio. Nem sempre há genuína apropriação de dinheiro, bens ou valores, já que muitas vezes a corrupção se dá na forma de simples uso particular ou pessoal de bens ou serviços públicos.[5] Esta é a corrupção objeto do presente

---

[4] Uma certa faceta cultural brasileira, que muitas vezes configura-se como corrupção, conhecida como *jeito*, tem sido objeto de estudos até mesmo de pesquisadores estrangeiros. Vale lembrar os trabalhos de Keith S. Rosenn, Professor da Faculdade de Direito da Universidade de Miami, intitulado "O jeito na cultura jurídica brasileira" (Rio de Janeiro: Renovar, 1998), uma atualização e revisão de dois artigos lançados pelo pesquisador americano: "The Jeito: Brazil's Institutional Bypass of the Formal Legal Systems and Its Developmental Implications", *in American journal of Comparative law*, vol 19, 1971, p. 514-549; e "Legal Culture: The Jeito Revisited", *in Florida International Law Journal*, vol 1, 1974, p. 1-43. Além dessa obra, o "jeitinho brasileiro" recebeu atenção de Robert Levine, no trabalho "*Jeitinho* land", este disponível em http://www.brazzil.com.blajan98.htm. O estudo desse peculiar "instituto" brasileiro, mais recentemente, vem recebendo um tratamento mais sério e aprofundado entre nós, como se vê na obra de Lívia Barbosa, versão modificada de sua tese de doutoramento em Antropologia Social, denominada, sugestivamente, como *O jeitinho brasileiro: a arte de ser mais igual que os outros* (Rio de Janeiro: Campus, 1992), atualmente na 5ª edição.

[5] Por vezes, nem mesmo há desvio de bens ou valores públicos, mas simples favorecimento pessoal, como no caso de nomeação de parentes para cargos públicos ou de inversão da ordem de nomeação nos classificados em concurso público. Aqui, há somente violação de princípio ou regra jurídica, sem efetivo prejuízo financeiro do tesouro. O STF já reconheceu que o ato impugnado mediante ação popular dispensa comprovação de efetivo prejuízo material, bastando a violação de princípios da administração, já que o patrimônio público abrange o patrimônio

estudo, em que se dá conotação personalizada à publicidade que deve ser pública. Com isso, o administrador gasta dinheiro que não é seu para se autopromover. Em todas essa condutas, antes citadas, há violação, em maior ou menor grau, dos princípios da legalidade, da moralidade e da impessoalidade.

O objeto deste estudo é lançar luzes sobre um tema de sindicabilidade judicial complexa, qual seja, a definição de quando a publicidade levada a efeito pelo administrador desatende o comando do art. 37, § 1º, da CF, ou seja, quando ela não for impessoal. A fim de perseguir esse desiderato, iniciaremos estudando o princípio da impessoalidade, procurando situá-lo como decorrência dos princípios do Estado Democrático de Direito, da legalidade e da igualdade, à luz de uma metódica estruturante tal qual é adotada em Língua Portuguesa por J.J. Gomes Canotilho. Lançar-se-á mão também de alguns aportes sociológicos, com vistas a diagnosticar as razões pelas quais o princípio da impessoalidade não viceja entre nós como seria desejável. Nessa abordagem, despontam as contribuições de Sérgio Buarque de Hollanda e Raymundo Faoro, ambos detectando em nosso patrimonialismo, de origem colonial, a visceral dificuldade em separar o público do privado. Procurar-se-á, mais, após uma incursão no direito comparado, aproximar a nossa impessoalidade da imparcialidade européia, o que é permitido ante a comunhão da mesma matriz principial e da idêntica funcionalidade jurídica. Esse paralelo permitirá, ademais, atentar para um aspecto da imparcialidade ainda pouco conhecido entre nós: a dimensão já denominada de positiva. A dimensão positiva do princípio da imparcialidade impõe ao administrador não somente a impossibilidade de promover favorecimentos ou perseguições (dimensão negativa), mas que também pondere as repercussões do ato a ser praticado junto aos interesses de todos quantos serão atingidos por esse ato, sejam eles interesses públicos ou privados. Nesse quadrante, já se permitirá concluir em dois sentidos: primeiro, que a impessoalidade, como princípio, já era presente em nosso direito, deduzível de outros princípios há mais tempo assentes; segundo, que há uma identificação muito acentuada entre a nossa impessoalidade e a imparcialidade do direito europeu, cujo desenvolvimento pode ser por nós apropriado.

---

moral, cultural e histórico (RE nº 170.768-SP, 1ª Turma, rel. Min. Ilmar Galvão, j. 26.3.99, DJ 13.8.99, p. 16). Neste caso, cuidava-se de abertura de conta em nome de particular para movimentação de verbas públicas.

A publicidade, como princípio da administração, também será por nós abordada. Isso se fará necessário não só porque estamos a tratar da pessoalização da *publicidade*, mas também em razão da importância que esta ganhou no contemporâneo esquema político, já que o Estado chega a assumir ares de *espetáculo*. Esse fenômeno – que nos conecta com a tese weberiana da dominação carismática – propicia um amplo espectro de possibilidades de publicidade desvirtuada dos fins constitucionais. Oportuno, portanto, se lance também um olhar criterioso sobre o princípio da publicidade e sua importância para o Estado Democrático de Direito.

Examinaremos, também, a regra do art. 37, § 1º, da Constituição Federal, como inserida em um sistema aberto de princípios e regras, atentos aos princípios constitucionais estruturantes de todo o ordenamento jurídico. Nessa oportunidade, analisar-se-ão os elementos normativos da regra constitucional, procurando ressaltar os conceitos jurídicos indeterminados constantes de sua estrutura normativa. Permitir-se-á afirmar, com essa abordagem, a necessidade de implementar uma maior procedimentalização na administração e o abandono da dogmática própria do legalismo positivista, sem as quais se lograrão dificuldades de obtenção da eficácia social da regra constitucional apontada.

Ao final, far-se-á uma exploração na jurisprudência nacional sobre o tema, privilegiando aquela oriunda do Tribunal de Justiça do Rio Grande do Sul, com o objetivo de estabelecer conexões com o pressuposto teórico que se adotou e desenvolveu monograficamente. Essa incursão, limitada pela pouca jurisprudência relativa à questão, nos demonstrará as dificuldades dos julgadores em tratar com questões principiológicas, praticamente validando a conclusão do parágrafo anterior.

1. O Princípio da impessoalidade na administração pública

A lei é o espírito desembaraçado de qualquer paixão.
Aristóteles[6]

1.1. Primeiros lineamentos conceituais

O princípio da impessoalidade veio positivado no art. 37, *caput*, da Constituição de 1988, ao lado de outros princípios que devem ser obedecidos pela administração pública, nestes termos:

Art. 37. A administração pública direita e indireta de qualquer dos poderes da União, dos Estados, do Distrito Federal e dos Municípios obedecerá aos princípios de legalidade, impessoalidade, moralidade, publicidade e eficiência (...).

O princípio da *eficiência* foi inserido com a Emenda Constitucional nº 19, de 4-6-1998.

Impessoal, em primeira mão, significa o contrário de pessoal. Segundo Aurélio Buarque de Holanda, *pessoal* (do latim *personale*) é o relativo ou pertencente à pessoa; concernente ou peculiar a uma só pessoa.[7] Pessoa, de outra banda, tem origem na palavra grega *persona*, literalmente "máscara". Ainda segundo o mais festejado dos dicionaristas contemporâneos, *impessoal* é aquele *que não se refere ou não se dirige a uma pessoa em particular, mas às pessoas em geral.* Diz-se também *impessoal* do que é *independente ou sobranceiro a qualquer*

---
[6] A política, Livro III, Cap. XII.
[7] NOGUEIRA, Aurélio Buarque de Holanda. *Novo dicionário da Língua Portuguesa*, 2. ed. Rio de Janeiro: Nova Fronteira, 1986, p. 1321.

circunstância ou particularidade (p. ex. *julgamento impessoal*).[8] Não obstante a tentação de enveredar pelos labirintos etimológicos, ao que parece o *in-pessoal* se nos apresenta como algo ou alguém que é cego às máscaras, aos rostos da multidão, às particularidades, àquilo que diferencia o gênero humano. Para o impessoal, não importa as diferenças que fazem de cada homem ou mulher *uma pessoa*.

Outras constituições, como a portuguesa de 1976 (art. 267º – 1) e a italiana de 1947 (art. 97º) aludem à *imparcialidade*, que tem conteúdo praticamente idêntico à impessoalidade, consoante consagrado na Constituição democrática de 1988.

Há uma tendência entre os estudiosos brasileiros em associar o princípio da impessoalidade ao princípio geral da isonomia. O mesmo ocorre entre os autores estrangeiros relativamente ao princípio da imparcialidade. Seja como manifestação do próprio princípio da igualdade,[9] seja na condição de decorrência deste,[10] a vinculação é induvidosa, embora a doutrina nacional (e a estrangeira, acerca da imparcialidade) divirja em que termos ela ocorre.

1.2. A administração pública no estado de direito e os princípios da igualdade e legalidade

A ligação do princípio (administrativo) da impessoalidade com o princípio de igualdade, mesmo em um primeiro momento intuitiva, está a nos indicar que a forma de administração pública que estamos a analisar é característica do modelo de Estado legado pela modernidade: o Estado de Direito. Embora tal indicação seja óbvia, o que desrecomendaria a sua referência, no caso brasileiro, de modo especial, isso se faz deveras necessário. Em primeiro lugar, porque o controle jurisdicional que se pretende desenvolver neste trabalho é eminentemente principial, onde a constante revisita a valores concretizados ou implícitos no ordenamento jurídico (visto, portanto, como um sistema aberto e não axiomático-dedutivo) é uma imperiosa necessidade. Em segundo, porque a sentida desagregação social nos faz voltar os olhos seguidamente para as bases em que estão fundadas as nossas associações (em sentido "weberiano"), devido à constatação de zonas onde

---
[8] *Idem*, p. 922.
[9] BANDEIRA DE MELLO, Celso Antônio. *Curso de Direito Administrativo*, p. 68.
[10] FREITAS, Juarez. In: O controle dos atos administrativos, p. 64.

não está presente o contrato social.[11] Em terceiro, porque no Brasil a modernidade é um projeto inconcluso, no que tange à universalização do princípio da igualdade, mesmo sob a ótica formal.[12]

A sociedade do *ancién régime* era uma complexa rede, onde os direitos, diferentes para os diversos estamentos, eram conferidos por meio do *status*. O Estado absolutista, sucessor do Estado feudal, malgrado a concentração de poderes enfeixados no soberano, foi herdeiro de parte da estratificação social que imperou no período estamental.[13] Cada estamento ou ordem possuía uma "lei" própria, e o acesso às situações subjetivas passíveis de se exigir ou dever prestações era dado pela condição de pertencer ou não a um determinado grupo estratificado. Ser, portanto, do clero ou da nobreza significava, p. ex., estar imune à tributação ou ter acesso aos cargos públicos. A igualdade entre o gênero humano permanecia apenas um ideal baseado no pensamento tomista. Além da desigualdade entre os homens como princípio geral de organização social e jurídica, a única fonte de direito relevante em termos de "administração pública" era a vontade do monarca.[14] O rei podia estabelecer regras "gerais e abstratas" dirigidas a somente um estamento,[15] a todos eles ou, ainda, regras singulares, já que em sua

---

[11] É a opinião do Prof. Boaventura de Souza Santos, ao concluir pela predominância estrutural de critérios de exclusão do contrato social e pela existência de zonas de pré e pós-contratualidade, onde vigora um "estado de natureza" (*in Reinventar a democracia: entre o pré-contratualismo e o pós-contratualismo*. A crise dos paradigmas em ciências sociais e os desafios para o século XXI, p. 40 e ss.).

[12] De forma crua, opina a Profª Marilena Chauí: "O Brasil é uma sociedade autoritária, na medida em que não logrou realizar os velhos princípios do liberalismo e da República. Trata-se de uma sociedade que não sabe distingüir o público do privado, incapaz de tolerar o princípio formal e abstrato da igualdade perante a lei, cujas classes dominantes combatem as idéias gerais da Declaração dos Direitos do Homem e do Cidadão e reprimem toda e qualquer forma de organização social e popular. Além do mais a sociedade brasileira adota a discriminação racial, sexual e de classe, estrutura-se de modo altamente hierarquizado e nela as relações sociais se estabelecem na base da tutela e do favor, jamais do direito" (Cultura popular e autoritarismo, *in* Conformismo e resistência – aspectos da cultura popular no Brasil, São Paulo: Brasiliense, p. 50).

[13] Jorge Miranda lembra que o "Estado estamental" é uma forma de transição entre o Estado feudal e o Estado absoluto ou Estado de polícia. Lembra o eminente constitucionalista português que tanto o Estado estamental quanto o absoluto não ocorreram em igualdade de tempo e configuração em toda a Europa. A forma mais "evoluída" de tal forma de organização política ocorreu na Inglaterra, onde os estamentos sobreviveram como grupos políticos, ligados à defesa de liberdades, e não somente como estratos sociais (*Manual de Direito Constitucional*, t. I, p. 76 e 77). Os conhecidos estamentos na França pré-revolucionária eram os "Três Estados": o clero, a nobreza e a burguesia (o 3º Estado).

[14] A afirmativa encerra um aparente reducionismo, mas não exclui a existência das "leis gerais do Reino", já que limitada somente aos aspectos inerentes à gestão dos bens e interesses da Coroa, necessários ao nosso estudo.

[15] Também aqui é necessário ressaltar, sem prejuízo da idéia geral, constante do texto, de que no medievo e na modernidade pré-revolucionária existiam "direitos estamentais" que protegem

pessoa era também reunido o poder de julgar. A noção de "administração pública" é uma idéia que não se coaduna com um tal estado de coisas, porquanto como aquela atividade não se poderia qualificar a gerência dos "negócios de Estado", mesmo no absolutismo ilustrado. Na medida em que o rei-soberano era a fonte de todo o direito (por inspiração divina ou mesmo racional) a gerência que exercia era de bens próprios e não públicos. Não havia "res publica". Os bens da "Coroa" pertenciam ao rei. Emblemática, como evidência desta situação, é a célebre frase de Luís XIV: *L'État c'est moi*.[16]

A declaração dos direitos à igualdade, à liberdade, à propriedade e à segurança e a necessidade de garanti-los instrumentalmente através da divisão de poderes; ou seja, a institucionalização do Estado de Direito ou Estado Constitucional, concebeu a administração pública como a conhecemos hoje. A divisão de poderes, também dignificada no art. 16 da "Declaração", produziu o deslocamento da fonte primordial do direito para um órgão legislativo, onde a sociedade burguesa se fazia representar. Na mesma medida, com inspiração em Rousseau, a Declaração de 26 de agosto de 1789, em seu art. 6°, proclamou ser a lei expressão da *vontade geral*.[17] A prescrição emanada daquele órgão deveria ser dotada de generalidade e abstração, em face da necessidade da preservação da igualdade formal ou abstrata ("todos são iguais perante a lei"), patíbulo da sociedade estamental. A indeterminação dos sujeitos a que a regra se destina (generalidade) e a universalidade de situações a que ela se aplica (abstração) foi o modo visto pela burguesia racionalista de garantir a igualdade abstrata de direitos. Como conseqüência de todo esse contexto, cujo objeto era a preservação das liberdades fundamentais, já estabelecida no executivo, primordialmente, a administração pública (divisão de poderes), surge o

---

certas ordens (notadamente clero e nobreza) da intervenção do príncipe, conquistados por meio de "acordos". O exemplo mais lembrado desses direitos "não-universais" são aqueles obtidos por meio da *Magna Charta Libertatum*, de 1215.

16 O Prof. Ruy Cirne Lima, com a sua conhecida maestria, asseverou que, tanto na atividade privada quanto na pública, a administração é a atividade do que não é proprietário, do que não tem a disposição da coisa administrada (*Princípios de Direito Administrativo*, p. 22). Rousseau, cuja influência não pode ser olvidada, concebia os governantes como meros empregados, simples funcionários da nação soberana, os quais exercem o poder em nome desta e que, em caso de não o bem exercer, poderiam ser destituídos (*Do Contrato Social*, Coleção Os Pensadores, v. I, p. 136 e 137). Como se vê, ambas as idéias esboçadas em nada se coadunam com a situação pré-revolucionária.

17 ROUSSEAU afirmou que a matéria ou objeto sobre a qual versa a lei é geral, como também a sua aplicação, já que "considera os súditos como corpo e as ações como abstratas, e jamais um homem como indivíduo ou uma ação particular" (*O contrato social*, Livro Segundo, Capítulo IV). O filósofo de Genebra também afirmou que todo o governo regido por leis (desde a que lei venha revestida das características que aponta), é uma *república* (*op. cit., idem*).

princípio da legalidade ou da submissão da administração à lei.[18] O governante é mero empregado (Rousseau) ou procurador (Sieyès) da nação, cumprindo-lhe a obediência às prescrições normativas formuladas pelo órgão legislativo. Perdendo o governante a condição de fonte mais eminente do direito, restando-lhe respeitar a esfera individual oposta pelas liberdades públicas (em especial a propriedade), surge outra característica da modernidade, que marca o surgimento de uma administração "pública", qual seja a da separação entre o público e o privado. A administração pública, ao atender à generalidade e abstração da lei, obedece a uma ordem impessoal e é por ela que orienta suas disposições.[19] Com isso, garantir-se-ia uma dominação legal legítima.[20] De um modo geral, o que marca a passagem do Estado absoluto para o Constitucional ou de Direito, e nos põe a nu a dimensão despersonalizada que deve possuir este último, é a mudança do "governo dos homens" para o "governo das leis".[21] Rogério Gesta Leal,

---

[18] Vale lembrar a lição de Ernst Forshoff: "El trânsito del Estado de Derecho burguês, a la separación de poderes y a al sistema de liberdades individuales garantizadas en la constitución, significa la introdución de um novo princípio: *la Administración sólo puede actuar de acuerdo com la ley*. Es decir, de ahora en delante, la intervencciones en la liberdad y la propiedad del individuo sólo eran legítimas sobre la base de una permisión legal. Três conseqüências de este cambio fundamental hemos poner aquí de relieve. La Administración toma las máximas de su acción – preponderantemente, aunque no exclusivamente – de la ley, no de la volundad del soberano. La ley creada por un proceso estalecido en la Constitución, posee una forma unívoca, que constituye la base de otras normas derivadas, especialmente de las órdenes ministeriales. (...) La ley, empero, a la que la Administración está vinculada – y este es el segundo ponto que hay que subrayar – surge de la deliberación y acuerdo parlamentarios, y en ella la Administración se encuentra com la sociedad burguesa representada em el Parlamento. El dualismo de Estado y sociedad, que determina esencialmente el desarrollo constitucional del siglo XIX, influye también en la Administración, y no sólo, (...) en el concepto de la ley. Com ello entramos en el tercer factor, la limitación de la Administración". *In* Tratado de Derecho Administrativo, p. 57. Os grifos são nossos.

[19] Max WEBER. *Economia y Sociedad*, p. 174. É o que ensinava também Marcello Caetano: "A generalidade da lei, impondo a formulação dos preceitos de conduta em termos impessoais e universais, implica a impossibilidade jurídica em que ficam os órgãos da Administração de exigir, de certa e determinada pessoa, prestação que não seja exigível de toda e qualquer pessoa que se encontre nas mesmas circunstâncias". (*Manual de Direito Administrativo*, v. I, p. 30). Também Cármen Lúcia Antunes Rocha menciona que "À generalidade da lei corresponde a impessoalidade na administração" (Princípios constitucionais da administração pública, p. 147).

[20] Economia y Sociedad, p. 170 a 172.

[21] A idéia de "governo de leis" em oposição ao "governo dos homens", remonta, como ideal, a Aristóteles. Na sua "Política", o Estagirita já mencionava que "tudo se resume em saber se é mais vantajoso para um Estado ser governado por um homem muito eminente quanto às virtudes ou por leis excelentes" (Livro III, Cap. XII). O discípulo de Platão, após anunciar a preferência dos monarquistas pela primeira opção, equipara a lei a uma arte ou ciência, lembrando que a lei "não tem paixões", praticamente apontando o caminho que o racionalismo iria tomar nos séculos XVI a XVIII. Tem o administrativista argentino Juan Carlos Cassagne a mesma opinião, lembrando Germán Bidart Campos (*Derecho Administrativo*, t. II, p. 27).

examinando a contribuição do pensamento grego para a formação da teoria constitucional, aponta que na arquitetura teórica de Aristóteles, principalmente n'*A Política*, podem ser visualizados três fundamentos específicos de uma primeira aproximação com a idéia de Estado de Direito, a saber: (a) a preponderância de um interesse público e geral; (b) a especificidade dos atos de governo a ser determinada por regramentos constitucionais; e (c) a obediência dos súditos obtida pelo convencimento do bem coletivo e pelo consentimento, e não pela força das armas (*Teoria do Estado: cidadania e poder político na modernidade*, p. 32). Assim, o *princípio magno* da administração pública parece ser o da *legalidade* (entendido como submissão não somente à lei, mas ao Direito).[22] Legalidade, portanto, há que ser entendida como "juridicidade", havendo, entre nós, quem proponha a adoção do "princípio da juridicidade" em vez da antiga e consagrada nomenclatura.[23] Essa alteração terminológica, poder-se-ia cogitar, teria a vantagem de promover no imaginário jurídico uma nova visão para além do mero positivismo legalista, ainda predominantemente em voga. Os demais princípios do art. 37, *caput*, da CF, inclusive o da *impessoalidade*, senão derivando da legalidade *lato sensu*, ao menos poderiam em tese ser "dispensados".[24]

As noções acima expostas não consideraram, em seu desenvolvimento, as modificações incorporadas pelo direito a partir do Estado Social. O Estado liberal clássico, apartado da sociedade e da economia,

---

[22] Vale lembrar que embora a "moralidade administrativa" tenha ganho muitos adeptos, inclusive entre nós (como Hely Lopes Meirelles), a maioria da doutrina estrangeira entende que o *desvio de poder* (tido como afronta à moralidade) é um vício de legalidade, como anota Maria Teresa de Melo Ribeiro (*A imparcialidade*, p. 48 e 49). Nesse sentido, exemplificativamente: Jean Rivero (*Direito Administrativo*, p. 90 a 102), Ernst Forsthoff (*Tratado de Derecho Administrativo*, p. 57 a 61), Marcello Caetano (*Manual de Direito Administrativo*, p. 28 a 31) e Eduardo Garcia de Enterría & Tomás-Ramón Fernández (*Curso de Direito Administrativo*, p. 366 a 415). Maria Teresa M. Ribeiro lembra, no entanto, a despeito da "irrefutabilidade" dos argumentos em prol do desvio de poder como vício de legalidade, que muitos autores continuaram a mencionar a necessidade do respeito à moralidade administrativa, "através da submissão da administração aos fins de interesse público definidos em lei" (*op. cit.*, p. 49-50). No Brasil, mesmo antes da positivação constitucional, em 1988, com o prestígio que ganhou a obra de Hely Lopes Meirelles, as lições de HAURIOU obtiveram grande aceitação.

[23] Assim é a posição de Cármen Lúcia A. Rocha *in Princípios Constitucionais da Administração Pública*, p. 69 a 141. José Guilherme Giacomuzzi chama essa legalidade em sentido amplo de *legalidade substancial* (A moralidade administrativa e a boa-fé da administração pública, p. 130-140).

[24] Nesse sentido, há que se concordar com Juarez Freitas, quando leciona que "o controlador arguto, à base da submissão do administrador não somente à lei, mas ao Direito, já conseguiria resultado idêntico" àquele que o fizesse com base no princípio da moralidade administrativa (O controle dos atos administrativos, p. 69).

tinha o papel de intervir quando chamado a garantir os direitos fundamentais de cunho liberal, notadamente a liberdade contratual e propriedade, daí por que também chamado de Estado-gendarme ou Estado "guarda-noturno". O que se pretendia, nesse momento, era garantir um espaço de autonomia ao indivíduo. O advento do Estado Social, com a incorporação dos chamados direitos fundamentais de 2ª dimensão[25] (P. Bonavides), e, mais tarde, dos direitos de 3ª dimensão, teve por fito promover a igualdade em sentido material, cada vez mais distante em face do fenômeno da Revolução Industrial e do aumento do trabalho subordinado. O Estado social, instrumentalizado por meio da intervenção na economia e na sociedade, provocou uma "desformalização" do direito (em sentido weberiano), com a adoção de cláusulas gerais. Esse novo direito forçou "os tribunais e órgãos administrativos a envolverem-se em equilíbrios *ad hoc* de interesses, equilíbrios esses que não podem ser reduzidos a regras gerais".[26] Este fenômeno chegou a ser denominado, a nosso ver, não sem um certo exagero, como a "desintegração do Estado de Direito".[27] Todavia, sem negar a perda das "qualidades formais" do direito, essa crítica, tanto o quanto nos foi possível acompanhar, não tem colhido muitos adeptos. A título exemplificativo, importa trazer à colação, sobre essa mesma questão, a posição de J. Habermas, ao demonstrar que "um Estado de direito que separa os poderes e apóia sua legitimidade na racionalidade dos processos de legislação e de jurisdição", é capaz de garantir a imparcialidade (e a impessoalidade, poder-se-ia acrescentar) na aplicação das regras jurídicas.[28] A mudança do Estado Liberal para o Estado Social,

---

[25] É sempre citado, como o marco mais importante, embora não o primeiro, a Constituição de Weimar, de 1919.

[26] Roberto Mangabeira Unger. *O direito na sociedade moderna*, p. 207. Regras "gerais" (e abstratas), que não se confundem com a denominadas "cláusulas gerais".

[27] Essa é a opinião, p. ex., de R. Mangabeira Unger, *op. cit.*, p. 202 a 210, para quem o fato de começar "a prevalecer o raciocínio jurídico teleológico e as preocupações com a justiça substantiva, o estilo do discurso jurídico passa a assemelhar-se ao do argumento comum da política ou economia" (*op. cit.*, p. 209). Uma semelhante crítica, que não comoveu a maioria, proveio de Forsthoff, que insurgiu-se contra a trasladação do princípio da proporcionalidade do Direito Administrativo – sua origem – para o Direito Constitucional, o que provocaria, segundo ele uma "degradação da legislação" (*apud* Paulo Bonavides, *in* Curso de Direito Constitucional, p. 389-390).

[28] Direito e moral, *in Direito e Democracia. Entre a facticidade e validade*, v. II, p. 246. Habermas demonstrou, a um só tempo, que o conceito weberiano de racionalidade do direito, baseado na forma geral e abstrata da lei, somente poderia ser justificada à luz de um conteúdo moral, e que a "racionalidade procedimental" migrada para o direito positivo, era passível de assegurar ao mesmo direito positivo "um momento de indisponibilidade e uma estrutura subtraída a intervenções contingentes" (*Op. cit.*, p. 193 a 247).

portanto, na nossa opinião, não veio alterar substancialmente a concretização da impessoalidade a partir do Estado de Direito e da legalidade. Apenas a igualdade é que deixou de ser simplesmente formal para ser (também) material. Não só igualdade "perante" a lei, mas igualdade "pela" ou "através" da lei.[29] A lei do Estado Social não só perdeu parte de seu "formalismo", como mencionado acima, porquanto também não se destina tão-só a impôr limites à ação do Estado. A legalidade por meio da qual se vai implementar a igualdade é uma legalidade que não só regula os limites da intervenção do Estado, em sentido defensivo, mas regula uma "administração prestacionista", ocupada em realizar os direitos econômicos, sociais e culturais, na sua maior parte de cunho positivo, como direitos a prestações.[30]

É preciso ser lembrado que a Carta da República, em seu art. 1º, preceituou constituir o Estado brasileiro um "Estado Democrático de Direito", acolhendo a construção feita pelo constitucionalismo europeu – via Portugal – no sentido de que esta é uma forma de Estado que corresponde uma evolução do Estado Social de Direito. O Estado Social de Direito, por razões cuja discussão estão além dos limites a que se propôs o presente trabalho, acabou por gerar uma série de deficiências contrárias aos objetivos para os quais foi concebido. Em trabalho clássico sobre o tema, Elías Diaz menciona, entre vários problemas surgidos, a *tecnocracia* e a *despolitização da vida coletiva*.[31] O eminente Catedrático de Filosofia do Direito da Universidade de Sevilha, Prof. Antonio-Enrique Perez Luño, também sobre os fenômenos contrários às aspirações do Estado Social de Direito, alude *ao centralismo de Estado, às desigualdades sociais e econômicas, às sociedades multinacionais, aos grandes monopólios e à manipulação da opinião pública pelos meios de comunicação*.[32] Buscou-se, a partir de tais constatações, a formulação do Estado *Democrático* de Direito, o qual, amalgamando o *princípio democrático* ao Estado Social, propiciasse um enfrentamento às posturas teóricas conservadoras que advogavam uma interpretação fragmentária e programática dos direitos fundamentais, neles incluídos os econômicos, sociais e culturais.[33] O Estado Democrá-

---

[29] BONAVIDES, Paulo. *Curso*, p. 341.
[30] Konrad Hesse. *Elementos*, p. 174-176.
[31] *Estado de Derecho y sociedad democrática*, p. 83 a 109.
[32] *Derechos humanos, Estado de Derecho y Constitución*, p. 229.
[33] PEREZ LUÑO, *op. cit.*, p. 229. É importante lembrar que a construção teórica que o constitucionalismo ocidental veio a conhecer como o *Estado Democrático de Direito* partiu dos setores mais progressistas dos intérpretes da Lei Fundamental de Bonn, de 1949, e, graças à marcante

tico de Direito, portanto, é um Estado comprometido constitucionalmente com a realização efetiva dos direitos fundamentais. Para tanto, deve estar dotado de instrumental jurídico passível de judicialização de uma gama maior de conflitos gerados pela efetivação daqueles direitos, aos quais se passou a reconhecer eficácia vertical e horizontal. Assim é que se pode falar, com Willis Santiago Guerra Filho, que o Estado Democrático de Direito provoca um "sensível deslocamento do centro de decisões relevantes do Legislativo e Executivo em relação ao Judiciário".[34] Nesse mesmo sentido, Lenio Streck, ao afirmar que o Estado Democrático de Direito é "um *plus* normativo em relação ao (...) Estado Social de Direito".[35] Também merece registro – máxime em face da relevância que este trabalho dá à legalidade – a observação que fez José Luiz Bolzan de Morais, ao mencionar, citando José Afonso da Silva, que o conteúdo da legalidade no Estado Democrático de Direito "assume a forma de busca efetiva da concretização da igualdade, não [só] pela generalidade do comando normativo, mas pela realização, através dele, de *intervenções que impliquem diretamente uma alteração na situação da comunidade*".[36]

Mesmo para aqueles que entendem que não existe um Estado "Democrático" de Direito, concordam que o Estado de Direito da segunda metade do século XX, que emergiu da grande guerra, não é o mesmo de antes.[37]

Não se quer, ao afirmar a "magnitude" da legalidade como princípio, assertiva aparentemente polêmica, fazer *tabula rasa* do precioso

---

influência que a *Grundgesetz* veio a exercer sobre a maioria das constituições européias do 2º pós-guerra, tornou-se uma fórmula praticamente unânime nas cartas democráticas a partir de então.

[34] *Autopoiese do Direito na Sociedade Pós-moderna*, p. 36.

[35] *Hermenêutica jurídica e(m) crise*, p. 37 (grifo do autor). Há que se concordar com o eminente autor quando diagnostica a ausência da implantação do modo de produção jurídica própria do Estado Democrático de Direito, o que equivale a afirmar que tal Estado ainda não se viu efetivado (ainda) mais sensivelmente entre nós. *Op. cit*, p. 31 a 45 e *passim*. Essa crítica de Streck parece explicar a razão pela qual também não é tratada pela doutrina administrativista brasileira, salvo exceções, a denominada dimensão positiva da impessoalidade, como se verá oportunamente.

[36] Do direito social aos interesses transindividuais, p. 74. Grifos do original. Inserimos a afirmativa de que a legalidade "não só" busca a igualdade pela sua generalidade e abstração, por entender que assim também pensa o autor, ao citar os princípios do Estado Democrático de Direito, na mesma obra, linhas adiante, que a igualdade perseguida não é somente formal, mas material, ou seja, essa dimensão liberal da igualdade, a despeito de não ser a única buscada, não é abandonada.

[37] Assim, Paulo Bonavides, *Princípio constitucional da proporcionalidade*, inserto em seu "Curso de Direito Constitucional", p. 362.

desenvolvimento que vem sendo feito dos princípios conformadores da administração pública, por todos que labutam, a longo tempo, nesse rincão do Direito. Longe disso. Um tal trabalho científico é absolutamente necessário, tanto pelo próprio progresso da ciência jurídica, quanto pela não-prescindibilidade do seu desenvolvimento pelo judiciário, como instrumento concretizador do direito. Consoante já escreveu Josef Esser, todos os princípios tendem à formação do sistema e a um esquema de hierarquização lógica.[38] O reforço de um princípio, portanto, como leciona Juarez Freitas, colabora para o reforço dos demais.[39]

O que se pretendeu, com o desenvolvimento do princípio da impessoalidade a partir do princípio do Estado de Direito, passando pelos princípios da igualdade e da legalidade, foi justificar e adotar a "metódica estruturante" tal como proposta por Friedrich Müller e acolhida, em língua portuguesa, por Gomes Canotilho. Nesta, concebendo a Constituição como um *sistema normativo aberto de princípios e regras*, admite-se, a partir de *princípios estruturantes*, a sucessiva formulação de outros princípios ou subprincípios, em um processo interno de densificação.[40] O princípio é a materialização semântico-deontoló-

---

[38] *Principio y norma*, p. 10.

[39] *O controle dos Atos Administrativos*, p. 68. Também Cármen Lúcia Antunes Rocha (*Princípios Constitucionais da Administração Pública*, Belo Horizonte: Del Rey, 1994, p. 301) opina que "nunca um comportamento da Administração Pública agressivo a princípio atinge apenas um deles".

[40] GOMES CANOTILHO (*Direito Constitucional e Teoria da Constituição*), com assento principalmente em Frederich Müller, mas com aportes de R. Alexy, N. Luhmann e R. Dworkin, parte da concepção de que o sistema jurídico do Estado de direito democrático português é (i) dinâmico, em sentido kelseniano (*sistema jurídico*); (ii) dialógico, com capacidade de "aprender" com a realidade (*aberto*); (iii) estruturado por normas, quanto às expectativas relativas aos valores, programas, funções e pessoas, (iv) podendo estas últimas ser reveladas tanto sob a forma *de princípios ou regras* (p. 1033). Tal sistema é assentado internamente em *princípios estruturantes*, constitutivos e indicativos de toda ordem constitucional, espécies de traves-mestras jurídico-constitucionais do estatuto jurídico do político (ex: princípios do Estado de direito, democrático e republicano), os quais ganham concretização através de outros subprincípios e regras, que os densificam, como, exemplificadamente, os princípios da constitucionalidade e da legalidade da administração (p. 1047 a 1049). A condição de sistema aberto implica na admissão de uma tensão entre os princípios estruturantes entre suas densificações, que devem ser objeto de ponderação, consoante seu peso e as circunstâncias do caso (p. 1056). Assim, admite-se para tais princípios *especificidade*, de modo que da relação entre eles não poderá resultar em sacrifício de um; e *concordância prática*, o que aponta para a tarefa de harmonização, de modo a se obter a máxima efetividade de todos eles. Deste modo, os princípios estruturantes (e suas densificações), apesar de possuírem um conteúdo específico, que os diferenciam, imbricam-se em uma correlação de complementaridade e condicionamento recíproco (p. 1058 e 1060). Em face de sua abertura semântica, os princípios podem ser concretizados através dos mesmos subprincípios: o princípio da publicidade, *v. g.* é uma concretização do princípio do Estado de Direito – segurança

gica de um determinado valor agasalhado por uma ordem jurídica e, desse modo, pode ser mais ou menos abrangente. Um princípio estruturante, como o do Estado Democrático de Direito, propicia a gênese de outros tantos, como os da constitucionalidade (art. 102, I, III e §1°), da legalidade na administração pública (art. 37, *caput*), e da divisão de poderes (art. 2°).[41] Um princípio dará origem a outros princípios ou regras na medida que o valor que ele incorpora e densifica vai (ou necessita) se fazer sentir em algum espaço normatizado (ou a necessitar de normatização). Pouco esclarecedor seria para o agente da administração (na grande generalidade das vezes, com alguma condescendência, um burocrata alheio a questionamentos de teoria da argumentação jurídica) e para o cidadão comum, com mais razão, positivar que "o Estado brasileiro constitui-se em Estado Democrático de Direito". Mais próximo da realidade normatizanda e mais inteligível aos destinatários do preceito (administrador e administrado) é proclamar que deve o agente administrativo agir conforme a lei ou obedecer ao princípio da legalidade. As necessidades de normatização e determinabilidade dos casos de aplicação,[42] portanto, parecem ser os impulsos para a formação de novos subprincípios e regras, na medida de se poder prescindir do executor (legislativo, executivo ou judiciário) uma constante fundamentação principial, sempre aberta à incerteza. A *praxis* jurídica e o sistema aberto provocam outro fenômeno, qual seja o da existência de princípios decorrentes e regras com origem em mais de um princípio normogenético.[43] Nesse sentido, pode ser explicada a contínua (e acertada) referência de ser o princípio da impessoalidade decorrência do princípio geral de igualdade, do princípio republicano, do princípio do Estado de direito ou do princípio da legalidade. A formulação do Estado brasileiro, como um Estado Democrático de

---

dos cidadãos – e do princípio democrático – contrariedade à política do segredo – (p. 1056). A Constituição, como uma ordem jurídica, é portanto uma ordem aberta e, ao mesmo tempo, uma ordem-quadro (p. 1271 a 1273).

[41] Obviamente, sem pretensão exaustiva, a enumeração é adaptada daquela também exemplificativa de Gomes Canotilho, *in Direito Constitucional*, p. 1047. O mestre luso ainda cita o princípio da vinculação do legislador aos direitos fundamentais e da independência dos tribunais, expressos na lei fundamental portuguesa e implícitos na nossa ordem constitucional, por conta do próprio princípio do Estado Democrático de Direito e da divisão de poderes (arts. 1° e 2°). José Afonso da Silva, a partir da mesma classificação de Gomes Canotilho, propõe um rol de princípios decorrentes mais exaustivo (*Curso*, p. 126).

[42] Essa "determinabilidade" é um dos critérios que R. Alexy cita, lembrando principalmente J. Esser e K. Larenz, como sempre mencionados para distinguir regras dos princípios (*Teoria de los Derechos Fundamentales*, p. 84).

[43] J. J. GOMES CANOTILHO. *Direito Constitucional*, p. 1056.

Direito (CF, art. 1º), guarda identidade, quanto à formulação jurídica, com o Estado português, constituído em "Estado de direito democrático" (CRP, art. 2º), a par de outras inúmeras semelhanças de positivação constitucional. Desse modo, as lições do eminente constitucionalista de Coimbra podem ser acolhidas por nós sem maiores receios.

Ademais, o estudo e desenvolvimento de todos os princípios da administração é uma necessidade dogmática, haja vista a positivação levada a efeito pelo art. 37, *caput*, da Constituição da República. Também não pode ser olvidado que a tradição jurídica brasileira não prima pela interpretação e concretização de princípios jurídicos, da mesma forma, embora não pelas mesmas razões, que a tradição política não tem muito apreço pela moralidade e pela impessoalidade. Nestas plagas, fica o aplicador, no mais das vezes, a implorar uma regra para que possa fazer o pandectístico processo de "juridiscização", ou, pior, a exegética operação de lógica formal do tipo: *premissa maior – premissa menor – conclusão*. Esta, provavelmente, é uma das tantas razões da fúria legiferante que se faz sentir em terras brasileiras, tanto lamentada quanto pouco combatida. Esse vezo positivista estrábico revelou-se muito ao gosto do patronato político brasileiro, já que o recurso ao princípio da legalidade revelou-se insuficiente para o controle jurisdicional da administração. Não que a legalidade como princípio fosse insuficiente para tanto, mas a visão do sistema jurídico como um corpo hermético, formal-dedutivo, impermeável aos valores expressos nos princípios gerais de direito, em um primeiro momento, e nos princípios constitucionais, em um segundo, forneceu os ingredientes para a distorção.[44] A tudo isso soma-se a criatividade dos interessados em burlar os fins legais do direito administrativo, infelizmente uma praga endê-

---

[44] Para uma visão da trasladação dos princípios gerais de direito para o "corpus" constitucional, ver o indispensável estudo do Prof. Paulo Bonavides intitulado *"Dos princípios gerais de direito aos princípios constitucionais"*, inserto no seu *Curso* (p. 228 a 266). A questão esconde, na verdade, mais o que possa parecer, *prima facie*. Uma tal visão do ordenamento jurídico, construída geometricamente, de tradição conceitualista, onde os princípios têm lugar somente ante a existência de lacunas (LICC, art. 4º), nos remete à constatação de se divisar, ainda hoje, no Brasil, uma forma de fazer direito que evidencia a não-absorção pelo "sentido comum dos juristas" do paradigma do Estado Democrático de Direito e da viragem pragmático-lingüística da filosofia contemporânea. Nesse sentido, consultar os trabalhos de Lenio Streck (*Hermenêutica jurídica e(m) crise*, p. 31 a 70 e *passim*); e especificamente, para o Direito Administrativo, Alexandre Pasqualini (*Hermenêutica e sistema jurídico*, p. 15 a 56 e *passim*) e Leonel Ohlweiler (*Direito Administrativo em perspectiva*, p. 71 a 93 e *passim*). Para uma visão principialista e sistêmica de todo o direito e do Direito Administrativo, são de obrigatória consulta as obras de Juarez Freitas (*A interpretação sistemática do Direito*, já mencionada, e *O controle dos atos administrativos e os princípios fundamentais* e *Estudos de Direito Público*, todas da Malheiros Editores, SP).

mica, resultou na insuficiência da legalidade formal para abranger todas as condutas irregulares a necessitar de controle. É consabido que muitos atos potencialmente agressivos ao patrimônio público, malgrado não configurem inadequação a qualquer regra positivada (em sentido estrito), revelam-se imorais ou impessoais. Embora seja possível afirmar a inexistência de um ato administrativo *imoral ou impessoal* que não viole algum princípio ou regra de direito em sentido amplo (considerando-se o Estado de Direito como princípio estruturante e a correlata idéia de legalidade em sentido lato ou juridicidade), certamente foi necessária e benfazeja a enumeração constitucional dos princípios da moralidade, impessoalidade e publicidade adjunta ao princípio da legalidade. A enumeração destes princípios pelo legislador constituinte certamente teve por origem a insuficiência do entendimento que possuía a generalidade da comunidade dos operadores jurídicos acerca do que seria o princípio da legalidade e, obviamente, o clamor popular pela sua implementação. Prestigiar o princípio da legalidade não significa, destarte, desprestígio dos demais, mas, ao contrário, significa (re)valorizar o ordenamento jurídico como um todo, em muito empobrecido pela exaltação do positivismo legalista. Em nada contribuiria, por outro lado, pregar a prescindibilidade dos princípios elencados no *caput* do art. 37 da Lei Fundamental (como possa ter parecido à primeira vista), com o que se estaria, na verdade, obrando a um só tempo contra a ciência jurídica e contra a tão almejada efetivação das normas constitucionais. Assim, embora se concorde com as lições de Marcello Caetano[45] e de García de Enterría & Fernández,[46] segundo as quais o desvio de poder é vício de estrita legalidade (e não de moralidade administrativa), é forçoso concluir que tais lições podem, no Brasil, ser mal interpretadas.

1.3. A herança colonial brasileira: patrimonialismo e estamento
A hierarquização e a pessoalidade como traços da sociedade e da administração

Existem alguns estudos já clássicos que evidenciam a dificuldade da nação brasileira com a máxima da impessoalidade. Estes trabalhos

---
[45] Manual de Direito Administrativo, p. 506 a 510; Princípios fundamentais do Direito Administrativo, pp. 145-148.
[46] Curso de Direito Administrativo, p. 403.

demonstram, como já foi anotado por Juarez Freitas,[47] que tal personalismo deita raízes muito fundas em nossas origens sociopolíticas. Não se vai, obviamente, aprofundar em análises sociológicas relativamente a essa questão, apenas colacionar idéias que permitam ao estudioso do direito, normalmente ocupado com a pretensão de normatividade (mundo do dever-ser), não se despregar da realidade em que está ou deveria estar inserido (mundo do ser).

Sérgio Buarque de Holanda, na sua magistral obra, *Raízes do Brasil*, aponta estar no patrimonialismo de nossa burocracia, formada a partir da tradição portuguesa, igualmente patrimonial e acentuadamente familiar, como razão para esse desapego à norma geral, abstrata e impessoal. Para a administração "patrimonial", diferentemente da burocrática "pura",

> a gestão política apresenta-se como assunto de seu interesse particular; as funções, os empregos e os benefícios que deles aufere relacionam-se a direitos pessoais do funcionário e não a interesses objetivos, como sucede no verdadeiro Estado burocrático.[48]

O administrador "patrimonial", segundo o eminente sociólogo e historiador, não compreende a distinção entre os domínios do *público* e do *privado*.[49] Nesse mesmo sentido, o jusfilósofo pernambucano Nelson Saldanha cita a observação de um francês sobre o Brasil, feita na primeira metade do século XIX, segundo a qual, aqui "nenhum homem é república".[50]

Provavelmente a análise mais aprofundada que se produziu sobre a origem patrimonial e hierarquizada da sociedade e Estado brasileiros é de Raymundo Faoro, em *Os Donos do Poder*. Nesta monumental obra, o insigne jus-sociólogo traça, com assento em Max Weber – como Sérgio Buarque de Holanda – uma profunda diagnose da forma-

---

[47] *O controle dos atos administrativos*, p. 65.

[48] *Raízes do Brasil*, p. 146. A noção de administração "patrimonial" e "burocrática" tem assento em Max Weber, conforma acentua o autor.

[49] *Op. cit.*, p. 145. Nessa instigante e lúcida obra, Sérgio Buarque de Holanda lembra ainda que uma tal conformação de administração pública e de Estado faz com que *"as escolhas dos homens que irão exercer funções públicas faz-se de acordo com a confiança pessoal que mereçam os candidatos, e muito menos de acordo com as suas capacidades próprias"* (p. 146). O administrador "cordial" não recruta os servidores pelos seus méritos, mas pela "proximidade do coração".

[50] *O jardim e a praça: ensaio sobre o lado privado e o lado público da vida social e histórica*, p. 27. Nelson Saldanha lembra, além de Raízes do Brasil, também as referências de Gilberto Freyre (*Sobrados e Mucambos*), e Nestor Duarte (*A ordem privada e a organização política nacional*). Quanto ao primeiro autor, lembrou a alusão por este feita ao desdém do brasileiro colonial pelo espaço público, inclusive no simples ato de atirar-se lixo à rua sem cerimônia (p. 27).

ção de um patronato,[51] como conseqüência da administração patrimonial, vigorante na Portugal, a partir da dinastia de Avis.[52] O patrimonialismo, como agir estatal, e a sua conseqüência, o patronato, faziam com que o Estado arcasse

> com os compromissos financeiros, sempre às portas da ruína, desfalcado com o enxame de funcionários e militares que vigiavam o comércio. "Índia e África, se empobreciam o Estado, enriqueciam a casta nobre, que desfrutava os governos, capitanias de fortalezas e armadas, e os proventos inerentes, além do soldo, os ofícios. Os cargos dos governos e das fortalezas davam-se por três anos, para contentar quanto possível o maior número. Em graças transferíveis, que os beneficiários muitas vezes vendiam".[53]

Confundia-se a exploração econômica com a guerra e a administração pública. Em outras palavras, uma tal administração "não diferencia público e privado nas suas relações com terras e gentes do reino".[54] "Tudo acabaria", prossegue o eminente Raymundo Faoro,

---

[51] Faoro sustenta a existência de um *estamento*, instrumentalizado burocraticamente e formado, sinteticamente, pela comunidade que comanda a economia, junto ao rei. O estamento surge nas sociedades feudais ou patrimoniais e é a forma como se organiza essa camada social, embora possa se instrumentalizar como aristocracia ou oligarquia. De qualquer modo, é importante que os indivíduos a eles pertencentes se movam com a consciência de pertencer a um círculo elevado qualificado ao exercício do poder, além de infundir uma honra social sobre toda a sociedade (*Os donos do poder: formação do patronato político brasileiro*, 13ª ed., São Paulo: Globo, 1998, p. 45 a 51). O autor expõe as divergências doutrinárias existentes em torno do tema, adotando a designação, corrente na sociologia estrangeira, *patronato* (*Op. cit.*, p. 389 a 394 e 396, nota 100). Keith Rosenn conceitua patronato como "uma forma clássica de sistema político no qual um soberano tradicional, um rei ou semelhante, determina todas as decisões políticas e administrativas, pessoalmente, ou por meio de seus assistentes administrativos. O soberano, contudo, abre mão de uma parte desse poder absoluto, cedendo para certos funcionários ou indivíduos particulares direitos especiais ou privilégios, em troca de mercadorias ou serviços, criando, assim, uma hierarquia. Nessa forma de organização, a 'ordem jurídica é rigorosamente formal e totalmente concreta e, nesse sentido irracional. Somente uma forma empírica de interpretação legal pode evoluir. A Administração nada mais é do que uma negociação de contratos de privilégio, o conteúdo dos quais deve então ser fixado'(Weber). A administração colonial do Brasil era fruto de uma monarquia absolutista, onde o rei era 'cabeça, chefe, pai, representante de Deus na terra o supremo dispensador de todas as graças e regulador nato de todas as atividades, e mais que isso, de todas as expressões pessoais e individuais de seus súditos e vassalos, até o último destes...'(Caio Prado Júnior). Os administradores estavam ligados ao rei por razões de lealdade pessoal e lucros, e não pelo senso de dever oficial. Todos os impostos, tributos e participações em lucros de monopólios formavam a renda pessoal do soberano, em vez do tesouro da nação". Segundo ainda Keith Rosenn, "*O patronato produziu alastrante corrupção, uma incrível propensão à burocracia e um sistema jurídico altamente personalístico e imprevisível*" (*op. cit.*, p. 26-27). Vale lembrar que o patronato não é exclusivamente formado por servidores públicos (embora o estamento "burocrático" tenha destacado papel), mas compõe uma "elite" econômica, ramificada na sociedade civil (*Os donos do poder*, p. 46, 736 e 737).

[52] Raymundo Faoro, *op. cit.*, p. 15 a 22, 75 a 96 e 733 a 750.

[53] *Op. cit.*, p. 81.

[54] *Op. cit.*, p. 26, nota 42.

– mesmo alterado o modo de concessão do comércio – em grossa corrupção, com o proveito do luxo, que uma geração malbaratara, legando à estirpe a miséria e o fumo fidalgo, avesso ao trabalho".[55] Faoro sustenta que a modernidade não trouxe, para Portugal e Península Ibérica (e depois, para as colônias ultramarinas), a "administração burocrática", calcada na regra geral, abstrata e impessoal. Diferentemente ocorreu em outros países que, em vez do "Estado patrimonial", desenvolveram o feudalismo, como Inglaterra e França, por exemplo. Nestes, o liberalismo político propiciou a separação da sociedade e do Estado e o desenvolvimento do capitalismo industrial.[56] O patrimonialismo e sua conseqüência, o estamento-patronato, transferiu-se para o Brasil-Colônia, e afirmou-se, definivamente, com a vinda da corte portuguesa, com Dom João VI. Os traços fundamentais desse modelo ainda se mantêm vivos na nossa administração.

Essa sociedade hierarquizada, resistente ao dogma moderno da igualdade de todos perante a lei, é habilmente retratada por Roberto DaMatta, em *Carnavais, Malandros e Heróis*. Partindo do constatação do uso da expressão "Sabe com quem está falando?", que denominou de "rito de hierarquização ou separação", Roberto DaMatta demonstra a hierarquia existente na sociedade brasileira, malgrado a existência de "um berço esplêndido de leis universalizantes".[57] "Sabe com quem está falando?" é o repto utilizado por aqueles que são flagrados descumprindo alguma norma geral e abstrata, perante o agente responsável pelo seu cumprimento, de modo a "demonstrar" que estão acima daqueles aos quais a norma deve ser aplicada.[58] É o rito que "coloca as pessoas no seu devido lugar", por vezes gerando mesmo vergonha a quem "desrespeita" a hierarquia. Em sociedades onde o dogma liberal da igualdade formal é generalizado (a americana, exemplifica o autor), a autoridade responsável pela aplicação da norma geral é que, flagrando o descumpridor, perguntaria: "Quem você pensa que é?". "A fór-

---

[55] *Op. cit.*, p. 81.

[56] *Op. cit.*, p. 25 a 28, nota 42.

[57] Sabe com quem está falando? Um ensaio sobre a distinção entre indivíduo e pessoa no Brasil, in *Carnavais, Malandros e Heróis: para uma Sociologia do dilema brasileiro*, 6. ed., Rio de Janeiro: Rocco, 1997, p. 181 a 248. A expressão entre aspas está na p. 246.

[58] DaMatta ensina que a hierarquia se transmite aos subordinados e empregados, citando o caso (verídico) da doméstica que lançou mão do rito dessa forma: "Sabe com quem está falando? Sou a empregada do Coronel!". DaMatta ilustra com um caso narrado por Machado de Assis e estudado por Faoro, ocorrente quando era instituído um título de nobreza a alguém. Quando o patrão era transformado em Barão, os próprios escravos pareciam receber uma parcela da condecoração, podendo exultarem-se como "escravos do Barão" (*op. cit.*, p. 190).

mula 'Sabe com quem está falando?' é, assim, uma função da dimensão hierarquizadora e da patronagem que permeia nossas relações diferenciais e permite, em conseqüência, *o estabelecimento de elos personalizados em atividades basicamente impessoais"*.[59]

É interessante observar como essas noções estão (ou são) interiorizadas no imaginário popular. Lenio Streck, por exemplo, a propósito de uma polêmica surgida acerca da manutenção dos "elevadores de serviço" a par dos "elevadores sociais", lembra a opinião de duas *habitués* de colunas sociais. A atriz e modelo Carolina Ferraz justifica a existência dos elevadores de serviço afirmando que "As coisas estão tão misturadas, confusas, na sociedade moderna. Algumas coisas, da tradição, devem ser preservadas. É importante haver hierarquia". A paulista Daniela Diniz, a seu turno, igualmente sustenta que "(...) cada um deve ter o seu espaço. Não é uma questão de discriminação, mas de respeito".[60]

Não é difícil, então, constatar as dificuldades de se pretender seja a administração pública brasileira, nesse contexto, infensa à pessoalização. Como se viu, a impessoalidade conecta-se ao princípio da igualdade. Ausente ou fracamente implementada a isonomia, diante da existência de uma hierarquia social estratificada, não há como se pretender sejam os administradores impessoais. Os exemplos de nomeação de parentes feita por políticos ocupantes de cargos na administração são diários. A justificativa, nessas circunstâncias, é sempre a "confiança", sempre maior no parente que em terceiro. Todavia, como se viu, a regra no patronato é sempre privilegiar os parentes e os amigos, deixando o mérito e a impessoalidade para um segundo plano. Uma conclusão, por ora, aponta, sem dúvida, no sentido de que carecemos de implementar em nossa sociedade mais *modernidade*, se a entendermos como a universalização da lei geral, ou a igualdade formal, sem descurar, obviamente, da implementação da igualdade material, tal qual imperativamente exige o Estado (Social e) Democrático de Direito. Em tempos de (neo) liberalismo ou neocapitalismo, essa é a grande dificuldade dos países de *modernidade tardia*.

---

[59] *Op. cit.*, p. 195. O grifo é nosso.
[60] *Hermenêutica Jurídica e(m) crise*, p. 28.

1.4. O princípio da impessoalidade na doutrina brasileira

O desenvolvimento da impessoalidade administrativa como princípio começou após a Constituição democrática de 1988, em face da positivação levada a efeito pelo *caput* do art. 37. Antes disso, e mesmo após, a impessoalidade não mereceu um estudo mais acurado pela generalidade dos autores, como anota Maria Sylvia Zanella Di Pietro.[61]

Hely Lopes Meirelles mencionou que o princípio da impessoalidade "nada mais é que o clássico princípio da *finalidade*, o qual impõe ao administrador público que só pratique o ato para o seu *fim legal*".[62] O autor em questão, cuja importância para o desenvolvimento do Direito Administrativo no Brasil é sempre lembrada, disse também que o princípio em questão obriga o administrador a agir sempre no intuito de perseguir o interesse público, objeto inafastável de qualquer ato administrativo, sob pena de praticar *desvio de finalidade*, o que leva à invalidade do ato. O administrador fica impedido de buscar outro objetivo ou de praticar o ato no interesse próprio ou de terceiros, salvo nos atos administrativos negociais ou nos contratos públicos, onde é lícito conjugar a pretensão do particular com o interesse coletivo.[63]

Celso Antônio Bandeira de Mello, referência obrigatória para os adeptos de uma visão do direito administrativo mas consentânea com o Estado Democrático de Direito, asseverou que "O princípio em causa não é senão o princípio da igualdade ou isonomia". Dessa forma, "assim como 'todos são iguais perante a lei' (art. 5º, *caput*) *a fortiori* teriam de sê-lo perante a administração".[64] O eminente professor paulista, em sua valiosa obra, leciona que o princípio em referência "traduz a idéia de que a administração tem que tratar todos os administrados sem discriminações, benéficas ou detrimentosas". Desse modo não podem interferir na atuação administrativa interesses sectários, de facções ou grupos de qualquer espécie ou simpatias, animosidade pessoais, políticas ou ideológicas.[65]

---

[61] *Direito Administrativo*, p. 64.
[62] *Direito Administrativo Brasileiro*, p. 81. Grifos do autor.
[63] *Idem*, p. 81.
[64] *Curso de Direito Administrativo*, p. 68.
[65] *Idem*, p. 68.

Caio Tácito afirmou que "o princípio da impessoalidade repele atos discriminatórios que importem favorecimento ou desapreço a membros da sociedade em detrimento da finalidade objetiva da norma de direito a ser aplicada".[66] Acrescentou o eminente juspublicista que a atividade administrativa pode, e deve, em certos casos, distinguir as pessoas, em face de peculiaridades que a lei positiva. Entretanto, é defeso ao administrador discriminar os cidadãos, sobrepondo o juízo personalista à objetividade legal de tratamento.[67] Caio Tácito entendeu ser o princípio da impessoalidade um desdobramento do princípio da legalidade.[68]

Celso Ribeiro Bastos estranhou a inclusão da impessoalidade no rol dos princípios que informam a administração pública, em face da dificuldade da sua configuração perante outros princípios, tais como os da *finalidade*, da *igualdade* e mesmo da *legalidade*. Ao discorrer sobre o tema em apreço, afirmou que "a lei tem de ser aplicada de molde a não levar em conta critérios nela não inseridos".[69] Prosseguindo, o professor Celso Bastos, que centra seus estudos no Direito Constitucional, menciona que o campo em que medra ao atentado à impessoalidade é o da discricionariedade administrativa, em face da possibilidade de o administrador se sentir tentado a substituir o interesse coletivo por considerações de ordem pessoal, tais como favorecimentos ou perseguições.

Diogo de Figueiredo Moreira Neto mencionou ter o princípio da impessoalidade, entre os autores, três acepções. Segundo alguns, contém uma vedação de distinção de interesses onde a lei não distinguiu; segundo outros, proíbe a Administração de perseguir interesses desvinculados do público, enfatizando a personalização do Estado, que deve atuar em benefício da sociedade; e, para os defensores de uma terceira posição, subcaso da segunda, a Administração não pode acolher interesses que tenha enquanto pessoa administrativa sobre interesses finalísticos que lhe sejam cometidos. Concluiu o publicista carioca afirmando que "as três vertentes confluem para definir a correta atuação do Estado, enquanto administrador, relativamente à sua *finalidade*, despido de qualquer inclinação, tendência ou simpatia pessoal, o que

---

[66] O princípio da legalidade: ponto e contraponto, in *Estudos em homenagem a Geraldo Ataliba*, p. 150.

[67] *Idem*, p. 150.

[68] *Ibidem*, p. 151.

[69] *Curso de Direito Administrativo*, p. 34.

já levou Cirne Lima a afirmar que a boa administração é a que prima pela 'ausência de subjetividade'".[70]

Maria Sylvia Zanella Di Pietro trouxe a notícia relativa às diversas interpretações que vêm recebendo o princípio da impessoalidade. A professora da PUCSP mencionou os dois sentidos em que se pode divisar a impessoalidade: (a) o relativo à finalidade pública, vedado o prejuízo ou benefício a pessoas determinadas; e (b) o referente à não-imputação dos atos ao funcionário que o pratica, mas à administração como órgão estatal.[71]

Lúcia Valle Figueiredo, professora e magistrada paulista, insurgiu-se contra a identificação entre o princípio da impessoalidade e da igualdade. Conceituou a impessoalidade na atividade administrativa, buscando a distinção da isonomia, com assento em Massimo Giannini, como "a valoração objetiva dos interesses públicos e privados envolvidos na relação jurídica a se formar, independentemente de qualquer interesse político". Sustentou a autora em questão que a impessoalidade e a igualdade estão próximas, mas não se confundem e que, embora possa "haver tratamento igual a determinado grupo (o que estaria satisfazendo o princípio da igualdade); se ditado por conveniências pessoais do grupo e/ou do administrador, estar-se-ia infringindo a impessoalidade".[72]

José Cretella Júnior, em obra anterior à Constituição de 1988, citando Gaston Jèze e Charles Debbasch, aludia, com o mesmo conteúdo, para a existência do *princípio da igualdade do administrado* perante os serviços públicos. Nesse sentido, "Todos os indivíduos que reúnem determinadas condições, estabelecidas de maneira geral e impessoal pela lei orgânica do serviço (lei, regulamento, instruções gerais), têm o poder jurídico de exigir a prestação que é objeto do serviço público".[73] O mesmo autor, já na vigência da Constituição de 1988, não mudou seu entendimento, e, ao tratar dos princípios informativos do direito administrativo, cuidou do princípio da igualdade dos administrados, sem mencionar o princípio da impessoalidade.[74]

Ruy Cirne Lima, em lição que foi lembrada por Figueiredo Neto, sem aludir propriamente à existência de um princípio da impessoali-

---

[70] *Curso de Direito Administrativo*, p. 69 e 70.
[71] *Direito Administrativo*, p. 64, com base nas lições de José Afonso da Silva e Agustín Gordillo.
[72] *Curso de Direito Administrativo*, p. 54 e 55.
[73] *Tratado de Direito Administrativo*, v. X, p. 104. A 1ª edição é de 1972.
[74] *Curso de Direito Administrativo*, p. 5 a 9.

dade, mas falando da administração (privada ou pública) como atividade, mencionou que ela é a atividade "vinculada, – não a uma vontade livremente determinada, – porém, a um fim alheio à pessoa e aos interesses particulares do agente ou órgão que a exercita".[75]

Romeu Felipe Bacellar Filho, discorrendo sobre a aplicação dos princípios da administração pública no processo administrativo disciplinar, recorda que a "finalidade pública embute-se na impessoalidade".[76] Após ressaltar a vinculação da administração com os bens e interesses da coletividade, e não com os particulares, afirma que o "princípio da impessoalidade, implica, para a Administração Pública, o dever de agir segundo regras objetivas e controláveis racionalmente".[77] Também Bacellar Filho, em linguagem da metódica estruturante, encerra, afirmando que a impessoalidade "concretiza a igualdade".[78]

Germana de Oliveira Moraes, em sua tese de doutoramento, após anotar a correspondência da impessoalidade com a imparcialidade na doutrina européia, resenhar o entendimento que se faz dessa última e o atual estágio do seu desenvolvimento, lembra o esquecimento da doutrina pátria acerca do princípio da impessoalidade. Anota, também, que a impessoalidade vem sendo associada à igualdade, à finalidade pública ou à neutralidade da administração, finalizando por correlacionar o seu conteúdo às duas primeiras noções, embora salientando que a impessoalidade "a elas não se reconduz, pois fundamenta, ademais, a idéia de proporcionalidade, à semelhança do que dispõe o art. 266 da Constituição Portuguesa".[79]

Cármen Lúcia Antunes Rocha, em obra que analisa os princípios constitucionais da administração, afirmou que a impessoalidade "tem como objeto a neutralidade da atividade administrativa, fixando como única diretriz jurídica válida para os comportamentos estatais o interesse público".[80] Segundo ela, esse princípio é o que garante a condição de *pública* da *res* gerida pelo Estado. Traduz-se ele "na ausência de marcas pessoais e particulares correspondentes ao administrador, que, em determinado momento, esteja no exercício da atividade administrativa, tornando-a, assim, afeiçoada ao seu modelo, pensa-

---

[75] *Princípios de Direito Administrativo*, p. 21.
[76] *Princípios constitucionais do processo administrativo disciplinar*, p. 176.
[77] *Op. cit.*, p. 177.
[78] *Idem*, p. 177.
[79] *Controle jurisdicional da administração pública*, p. 109-111.
[80] *Princípios constitucionais da Administração Pública*, p. 147.

mento ou vontade".[81] Cármen Rocha ressalta também os aspectos positivo e negativo que o princípio contém. No primeiro caso, assegura ele a neutralidade e a objetividade quanto ao conteúdo dos comportamentos administrativos e, no segundo, impõe limites à atuação administrativa, quanto à finalidade e aos motivos.[82]

Livia Maria A. K. Zago, em obra em que aborda com exclusividade o princípio da impessoalidade, afirma que ele comporta vários significados. Prossegue a autora:

> Em seu delineamento político, sinaliza neutralidade. Com referência à titularidade do poder, corresponde à desvinculação da pessoa física do governante. Vista sob o ângulo do exercício, seja do Governo, seja da Administração, implica no agir de forma objetiva, sem privilégios ou perseguições, sem favoritismos ou arbitrariedades. A vedação de subjetivismo, de privilégio, de perseguições e de arbitrariedade constitui a característica fulcral, o busílis do princípio da impessoalidade, seu traço mais marcante e destacado, em qualquer época e sob qualquer denominação. (...)[83]

Assim, o princípio da impessoalidade significa atuação objetiva e neutra, primordial e exclusivamente voltada para o fim do interesse público, cujo objetivo principal consiste na vedação do arbítrio e do dirigismo opostos ao do interesse comum, seja com vistas ao obséquio, seja com vistas ao prejuízo.

Juarez Freitas, em obra a nosso ver paradigmática no Direito Administrativo pátrio,[84] assentou ser o princípio da impessoalidade

---

[81] *Idem*, p. 147.
[82] *Ibidem*, p. 148.
[83] *O princípio da impessoalidade*, p. 178-179. Lívia Zago, como "significados" ou "sentidos" que a impessoalidade pode comportar, a menciona como (a) neutralidade do órgão, (b) limite do poder discricionário, (c) óbice ao poder invisível e à *arcana praxis*, (d) coibição da improbidade e da corrupção, (e) garante da igualdade de condições, (f) meio de coibir a propaganda e a publicidade dos agentes públicos e a personalização, (g) traço característico da burocracia, (e) eficiência do serviço público e (i) fundamento da responsabilidade subjetiva do Estado (*Op. cit.*, p. 178-254). A autora afirma que a impessoalidade é encontrada em outros ordenamentos europeus, máxime em Inglaterra, Itália, Portugal e Espanha – como imparcialidade – e com conteúdo objetivo (p. 148 e ss.). No entanto, como visto acima, sua posição se mantenha ainda na posição subjetivista, como proibição de favoritismos e perseguições. Mais adiante, sua posição fica mais clara, ao mencionar que a impessoalidade somente é comparável à imparcialidade nos países antes citados apenas no seu aspecto subjetivo, de proibição de privilégios e prejuízos (p. 364 e 365). Para ela, não teria sido "intenção" do legislador constituinte dar à impessoalidade a dimensão que a imparcialidade tem naqueles países, do contrário teria positivado expressamente o princípio da imparcialidade no *caput* do art. 37 (p. 365, *in fine*).

[84] O Prof. Juarez Freitas, no livro *O controle dos atos administrativos e os princípios fundamentais* (São Paulo: Malheiros, 1997), aplica a este ramo do Direito a visão tópico-sistemática guiada pelos princípios fundamentais, exposta na obra *A Interpretação Sistemática do Direito* (São Paulo: Malheiros). Neste último trabalho, cuja 1ª edição é de 1995, propõe Juarez Freitas

"derivado do princípio geral de igualdade", traduzindo-o como a proibição constitucional "de qualquer discriminação ilícita e atentatória à dignidade da pessoa humana". Segundo ainda o mesmo mestre, a Administração Pública precisa dispensar um objetivo tratamento isonômico a todos os administrados, sem discriminá-los com privilégios espúrios, tampouco malferindo-os persecutoriamente, uma vez que iguais perante o sistema. Segundo a sua orientação hermenêutica que propugna uma visão sistemática do direito, o que se pretende, com a implementação do princípio em foco, é "a instauração, acima de sinuosos personalismos, do soberano governo dos princípios, em lugar de idiossincráticos projetos de cunho personalista e antagônicos à consecução do bem de todos".[85] Juarez Freitas é o único a lembrar que as incompatibilidades do estatuto dos parlamentares, previstas nos arts. 54, I e II, da CF, constituem densificação, no próprio corpo da Lei Fundamental, do princípio em comento.[86]

Como se vê das lições colacionadas, há algumas discrepâncias no que concerne ao conteúdo do princípio da impessoalidade, embora não sejam, em um primeiro momento, tão perceptíveis. Na doutrina brasileira, é induvidoso que se trata de aplicação do princípio em questão: a necessidade de proceder a concurso público para admissão de pessoal, de licitar e de não efetuar publicidade que implique promoção pessoal (art. 37, incisos II e XXI, e § 1º).[87] Parece ser opinião unânime, da mesma forma, que a burla à impessoalidade (pela busca de fins

---

uma reconceituação do sistema jurídico como "uma rede axiológica e hierarquizada de princípios gerais e tópicos, de normas e valores jurídicos cuja função é a de, evitando e superando antinomias, dar cumprimento aos princípios e objetivos fundamentais do Estado Democrático de Direito, assim como se encontram consubstanciados, expressa ou implicitamente, na Constituição" (p. 40). A concepção sistemática de Freitas, haurida na contribuição, entre muitos outros, de Karl Larenz e seu sucessor, Claus-Wilhelm Canaris, além de Theodor Viehweg e Josef Esser, no pensamento alemão; alinha-se, certo modo, no Brasil, com o pensamento exposto por Eros Grau no já clássico capítulo 5º do precioso "A Ordem Econômica na Constituição de 1988: Interpretação e crítica" (*A interpretação das normas constitucionais*, p. 164 a 192).
[85] *O controle dos atos administrativos*, p. 64 e 65.
[86] *Op. cit.* , p. 67.
[87] A jurisprudência também vem entendendo que o cumprimento das referidas regras implica obediência ao princípio da impessoalidade, como se vê, exemplificadamente, nos seguintes julgados: TJRS, AC nº 596245597, 3ª CCível, Rel. Des. José Carlos Giorgis, j. em 19.3.98; e AC nº 599101490, 4ª C.Cível, Rel. Des. Welington Barros, j. em 07.4.99 (necessidade de concurso público); TJRGS, AC nº 597158179, T. Pleno, Rel. Des. Osvaldo Stefanello, j. em 1.12.97; e AC nº 598022028, 1ªC.Cível, Rel Des. Celeste Rovani, j. 27.5.98 (necessidade de licitação); TJSP, AC nº 143.146-1, 5ªC.Cível, Rel. Des. Francisco Casconi, j. 13.6.91, RT 671:94-96; e AC nº 213.273-1, 7ª C.Cível, Rel. Des. Leite Cintra, j. 14.9.94 , LEX 166:09-12 (promoção pessoal).

pessoais que não os públicos) configura *desvio de poder*, nos termos em que a categoria foi recebida entre nós a partir do desenvolvimento na França. Há que se registrar, a partir de uma tal constatação, a comum inclusão entre os estudiosos brasileiros no conceito de impessoalidade, de um *telos* público, qual seja de que o administrador, para atender o mencionado princípio não basta apenas não se inspire em algum interesse próprio ou de terceiro, mas que persiga um *fim* que atenda o interesse coletivo. Percebe-se a tendência entre os estudiosos, da mesma forma, em identificar a impessoalidade com o princípio da isonomia. Importa registrar, em especial pela orientação que tomou este estudo, a referência feita por Caio Tácito, que vinculou o princípio da impessoalidade ao da legalidade. Finalmente, como novidades dignas de nota, ainda há que sublinhar as contribuições trazidas por José Afonso da Silva (lembrada por Di Pietro), Lúcia Valle Figueiredo e Cármen Lúcia Antunes Rocha. José Afonso da Silva (baseando-se na obra do escritor argentino A. Gordillo) preleciona que "as realizações administrativo-governamentais não são do funcionário ou autoridade, mas da entidade pública em nome de quem as produzira".[88] Lúcia Figueiredo, a seu turno, citando Massimo Severo Giannini, pretende que seja a impessoalidade vislumbrada também com um conteúdo positivo, o qual impõe a avaliação objetiva pela autoridade dos vários interesses (públicos e privados) a valorar. Este aspecto "positivo" da impessoalidade também foi ressaltado por Cármen Rocha. Este último aspecto é que, a nosso ver, uma vez desenvolvido, responderia por um significativo diferencial na doutrina nacional, aproximando mais a brasileira *impessoalidade* à alienígena *imparcialidade*.

Antes da Constituição de 1988, não se falava em impessoalidade, senão como aplicação do princípio geral de igualdade perante a administração (Cretella Júnior, *v. g.*), ou como dimensão do princípio da finalidade (Hely Meirelles, p. ex.). Não que o *valor* impessoalidade, como atributo de qualquer ato da administração, estivesse ausente do

---

[88] *Curso de Direito Constitucional Positivo*, p. 648 e 649. É interessante observar que Agustín Gordillo, nas lições citadas pelo constitucionalista paulista, não trata a "despersonalización" ou a "impersonalidad" (*Tratado*, XVIII-13 e XVIII-31) como princípios, mas como "orientações" a serem adotadas pelo administrador quando necessitar recorrer contra atos da administração. Essa dimensão, não comumente citada como proveniente do princípio da impessoalidade, é perfeitamente admissível, embora fosse também concretizável diretamente a partir do princípio do Estado de direito, do qual se deduz a máxima da *administração como pessoa jurídica*. Sobre a administração como pessoa jurídica, por todos, Garcia de Enterría & Fernández, *Curso*, p. 33 a 47).

Direito Administrativo brasileiro, convém fixar claramente, mas o seu desenvolvimento e aplicação era obtido de outros princípios. Após a Lei Fundamental de 1988, as diferenças dignas de nota basicamente se resumem à imbricação ou fundamento do princípio em comento (igualdade, finalidade) e quanto a sua dimensão denominada de "positiva".

A constatação se presta, desde logo, para uma conclusão. Se a impessoalidade já existia no direito brasileiro, a partir da legalidade e da isonomia, como conseqüência, a seu turno, do princípio do Estado de Direito, já adotado em Constituições anteriores, ao menos a partir da República,[89] conclui-se de pronto pela acerto da "metódica estruturante" proposta por Gomes Canotilho, supramencionada. A positivação e afirmação constitucional somente veio consagrar uma dimensão dos princípios (estruturantes) fundamentais que já vinha sendo desenvolvida pela doutrina e pela jurisprudência, obedecendo à máxima de *efetivação* e *determinabilidade dos casos de aplicação*, ou, numa palavra, de *densificação*.

1.5. O princípio da impessoalidade no direito comparado[90]

Em uma breve incursão pelo direito constitucional administrativo comparado, constata-se que a matéria encontra tratamento assemelhado, embora sob outras nomenclaturas.

1.5.1. Direito inglês

No direito inglês, o princípio da impessoalidade administrativa surgiu, no século XIX, a partir do princípio da imparcialidade judicial, em face da necessidade de se assegurar a neutralidade política da

---

[89] Com os hiatos (que são a maior parte do tempo: 1930 a 1934, 1937 a 1946, 1964 a 1988), os quais correspondem ao período Vargas, antes da Constituição de 1934 e depois da Carta de 1937; dos atos revolucionários de números 1 a 4, da "falsa" Constituição de 1967 (chamada com propriedade pelo Prof. Ruy Ruschel de "aleijão constitucional"), do AI5 e da EC/69.

[90] Valemo-nos, para a elaboração desse tópico, de modo especial, embora não exclusivamente, dos trabalhos dos publicistas lusos Maria Teresa de Melo Ribeiro, intitulado *O princípio da imparcialidade da administração pública* (Coimbra: Almedina, 1996) e de David Duarte, denominado *Procedimentalização, participação e fundamentação: para uma concretização do princípio da imparcialidade na admininistrativa como parâmetrao decisório* (Coimbra: Almedina, 1996), não só pela excelente revisão bibliográfica de direito comparado constante dessas obras, notadamente na primeira, como também pelas semelhanças entre os sistemas constitucionais português e brasileiro.

administração.[91] Giannini lembra que o seu aparecimento, na Inglaterra, como forma de eliminar o interesse político que poderia induzir a função administrativa, já evidencia o seu "conteúdo preceptivo indiscutível".[92] Denominado como princípio da "justiça natural", e inicialmente adotado nos procedimentos em que se requeriam julgamento administrativo (por força da máxima *nemo iudex in causa propria*), o princípio da impessoalidade foi se estendendo para toda atividade administrativa.[93] Hodiernamente, a máxima segundo a qual as autoridades administrativas devem se escusar de tomar decisões em assuntos em que possuam interesse pessoal é definida como "rule against bias", sendo que *bias* é traduzível como "inclinação" e, portanto, parcialidade ou pessoalidade. Conjuntamente à citada diretriz, fazendo parte do chamado princípio da "natural justice", é também normalmente associado o princípio segundo o qual o administrado tem direito de ser ouvido antes de uma decisão que lhe diga respeito ("the right to a fair hearing").[94]

No último decênio do século XX, por conta de escândalos expostos pela imprensa, o Primeiro-Ministro encarregou uma comissão de investigar os *standards* da vida pública britânica. A comunicação à Câmara dos Comuns ocorreu em 25 de outubro de 1994, e a comissão ficou conhecida como Comitê Nolan, em face de ter sido presidida por Lorde Nolan, um juiz. Seus objetivos foram reconstruir a confiança na administração e restaurar critérios de moralidade no serviço público, onde se teria desenvolvido uma "cultura de esperteza". O primeiro informe (no total foram dois) foi apresentado em 25 de maio de 1995 e fixou-se nos membros do parlamento, ministros, servidores civis, executivos dos Quangos (*Quasi-Autonomous Non-Governmental Organizations*) e órgãos do Serviço Nacional de Saúde. O Comitê Nolan não afirmou conclusivamente tenha havido deterioração das normas de conduta da vida pública. Constatou a comissão, todavia, que as normas da vida pública são mais vigiadas que no passado e que a maioria dos agentes públicos as cumpre, embora existam debilidades na sua obser-

---

[91] GIANNINI, Máximo Severo. *Derecho Administrativo*, p. 113 e 114. No final do século XIX, a imparcialidade estende-se aos Estados Unidos, leciona o mesmo autor (p. 114).

[92] *Op. cit.*, p. 113.

[93] RIBEIRO, Maria Teresa de Mello. *O princípio da imparcialidade na Administração Pública*, p. 65. Também Herbert L. A. HART lembra que os princípios "audi alteram partem" e "nemo judex in causa propria" são normalmente referidos com princípios da "Justiça Natural" (*O conceito de direito*, p. 175).

[94] *Idem*, com assento em Wade, Cerri e Cassese. Nesse mesmo sentido, Herbert L. A. Hart, *in O conceito de direito*, p. 175.

vância. Concluiu ainda o Comitê, em vista disso, que o pessoal administrativo não tem clareza quanto aos limites admissíveis na vida pública, principal razão da inquietude do povo. O Comitê Nolan sugeriu, além de outras recomendações de caráter geral, a adoção de sete princípios, a principiar pela capacidade de assumir interesse público (*selflessness*).[95] A identidade semântica de *selflessness* com *impessoalidade* é evidente.

1.5.2. Direitos francês e alemão

Nos direitos francês e alemão, onde não há positivação constitucional, o princípio em questão, embora não desconhecido, não é muito presente na pauta de debates acadêmicos. Nestes Estados, a maioria das questões que a imparcialidade suscita é reconduzida ao princípio da isonomia.[96] Na Alemanha, a impessoalidade administrativa é encarada como um dever funcional dos servidores, e tem sido tomada como neutralidade política e necessidade de persecução de interesse público. Na França, anota Maria Tereza Ribeiro, que o tema ainda tem merecido maior atenção que no direito alemão, com freqüentes decisões do Conselho de Estado determinando a anulação de atos administrativos com fundamento na violação da imparcialidade administrativa.[97] David Duarte lembra que, na França, a impessoalidade como princípio somente veio a ser desenvolvida a partir da década de 50, o que revela um relativo subaproveitamento do princípio.[98]

---

[95] Assim foi redigido dito princípio: "Holders of public should take decisions solely in terms of public interest. They shold not do so in order to gain financial or other material benefits for themselves, their family, or their friends". (Disponível em: http://www.official-documents.co.uk/document/parlment/nolan/nolan.htm). Vale lembrar, a propósito, embora seja a Inglaterra a pátria da *rule of law,* foi necessária a reafirmação do princípio, face à constatação à deterioração das práticas administrativas. Sobre o informe Nolan, ver também E. GARCÍA DE ENTERRIA, *Democracia, Jueces y Control de la Administración*, p. 85 a 101.

[96] *Idem*, p. 66 e 67, tal como acontece entre nós, onde a influência do Direito Administrativo francês é marcante. É o que se verifica em Gaston Jéze, onde este autor arrola como regra essencial do serviço público a *igualdade dos indivíduos ante os benefícios dos serviços públicos*, como corolário da "regra" segundo a qual a prestação deve ser alcançada segundo a "lei orgânica do serviço", onde esta é prevista de maneira geral e impessoal (*Principios Generales de Derecho Administrativo*, t. III, p. 24 e 25). Mais uma vez se constata a impessoalidade também como decorrência da legalidade.

[97] Rivero lembra que decisões do Conselho Municipal podem ser anuladas, em um prazo de 15 dias, quando houverem sido proferidas com participação de conselheiros interessados na questão (*Direito Administrativo*, p. 431).

[98] O autor atribui tal situação, comparativamente com Portugal, à atenção que tem o *dètournement de pouvoir* na pátria de origem, a qual engloba não só o motivo determinante como os subordinados, para evitar ilegalidades no concurso de motivos válidos com motivos inidôneos

1.5.3. Direito espanhol

Na Espanha, a imparcialidade administrativa vem positivada no art. 103 da Constituição, nos termos seguintes:

> Artículo 103
> 1. La Administración Pública sirve con objetividad los intereses generales y actúa de acuerdo con los principios de eficacia, jerarquía, descentralización, desconcentración y coordinación, con sometimiento pleno a la ley y al Derecho.
> 2. Los órganos de la Administración del Estado son creados, regidos y coordinados de acuerdo con la ley.
> 3. La ley regulará el estatuto de los funcionarios públicos, el acceso a la función pública de acuerdo con los principios de mérito y capacidad, las peculiaridades del ejercicio de su derecho a sindicación, el sistema de incompatibilidades y las garantías para la imparcialidad en el ejercicio de sus funciones.

Como se vê, a Lei Fundamental de Espanha apresenta a imparcialidade como um princípio geral estatutário, indicador de uma qualidade que devem os servidores ostentar e que deve ser garantida por um sistema de impedimentos e suspeições, e não como um princípio geral da administração pública. Por outro lado, consoante alude Gonzalez Perez, a Lei de Procedimento Administrativo, de 17 de julho de 1958, sob o título "Abstenção e Recusa", já impunha aos administradores o dever de se abster de intervir em procedimentos em relação aos quais tivesse qualquer interesse pessoal, direito ou indireto.[99] García de Enterría sustenta que o art. 103 da Constituição espanhola impõe a necessidade de objetividade e imparcialidade no funcionamento da Administração, o que importa em separar, em alguma medida, o plano estritamente político do administrativo.[100] O eminente mestre espanhol, como se vê, não limita o princípio da imparcialidade ao aspecto negativo, o que seria reduzi-lo apenas à obrigatoriedade de reconhecer incompatibilidades ou suspeições do administrador, embora não caminhe no sentido de desenvolver esse conteúdo.[101] Garrido Falla também alude ter o art. 103 da Constituição espanhola garantido a neutralidade política da administração e a neutralidade administrativa do governo.

---

de menor peso na pluralidade de elementos da construção da decisão (teoria do *motif surabondant*). In *Procedimentalização, participação e fundamentação*, p. 282.

99 J. GONZALEZ PEREZ. Comentários a la Ley de Procedimento Administrativo, 2. ed., Madrid: Civitas, 1988, p. 93, *apud* Maria Teresa de Melo Ribeiro, *in: O princípio da imparcialidade da Administração Pública*, p. 70.

100 *Democracia, Jueces y Control de la Administración*, p. 118 e 119.

101 García de Enterría revela um certo desconsolo ao comentar a virtual inobservância do princípio da imparcialidade pela legislação espanhola a partir da "Ley 30/1984", a qual teria acentuado o clientelismo na função pública (*idem*, p. 118).

A neutralidade política seria atingida com uma administração profissional, dirigida pela política, mas dela independente. Já a neutralidade administrativa, a ser perseguida por meio do estatuto dos funcionários públicos, igualmente apontaria para uma profissionalização do pessoal administrativo, menos receptiva às nomeações e interferências político-partidárias.[102]

1.5.4. Direito italiano

Na Itália, o princípio da imparcialidade tem encontrado amplo espaço no debate acadêmico. Da mesma forma que no Reino Unido, foi a partir da segunda metade do século XIX que começou o seu desenvolvimento, em razão da necessidade de se assegurar a independência da administração frente às intromissões políticas e de salvaguardar a neutralidade dos servidores públicos. Anota Maria Teresa Ribeiro que a consagração constitucional do princípio em muito impulsionou o interesse dos estudiosos. Foi ele previsto na Constituição italiana de 1947 como segue:

> Art. 97º.
> Os serviços públicos organizam-se de acordo com a lei, de modo a assegurar o bom andamento e a imparcialidade na administração.
> Na organização dos serviços determinam-se as esferas de competência, as atribuições e as responsabilidades dos funcionários.
> O acesso à função pública faz-se mediante concurso, salvo os casos estabelecidos na lei.[103]

Diferentemente da Constituição espanhola, a italiana dispôs acerca da imparcialidade de forma mais ampla. Em vez de estar ao lado das disposições alusivas ao regime jurídico dos servidores, está a imparcialidade adjunta ao princípio da legalidade nos serviços públicos

---

[102] Garrido Falla, em seus *Comentários a la Constitución*, Madrid: Editorial Civitas, 1985, p. 1421 e ss., *apud* Maria Teresa Melo Ribeiro, *in O princípio da Imparcialidade da Administração Pública*, p. 74. Não concordamos, portanto, com a eminente escritora lusa, ao arrolar García de Enterría entre os autores que dão entendimento restrito ao princípio da imparcialidade (J. Gonzalez Perez, A. Agundez Fernández, E. Vivancos, Entrena Cuesta, E. Barrachina Juan e Carzola Prieto & Arnaldo Alccubilla), segundo o qual seria ele garantido principalmente através dos institutos de abstenção e recusa (*idem*, p. 72 e 73).

[103] A redação original é: *Art. 97. I pubblici uffici sono organizzati secondo disposizioni di legge, in modo che siano assicurati il buon andamento e la imparzialità dell'amministrazione. Nell'ordinamento degli uffici sono determinate le sfere di competenza, le attribuzioni e le responsabilità proprie dei funzionari. Agli impieghi nelle Pubbliche Amministrazioni si accede mediante concorso, salvo i casi stabiliti dalla legge.* Utilizou-se a tradução de Maria Tereza de Melo Ribeiro (*op. cit*, p. 75).

e ao "bom andamento" da administração. Consoante atestou Maria Teresa Ribeiro, as posições acerca do princípio da imparcialidade são muitas, havendo até mesmo quem negue a sua condição de princípio autônomo, mas a considere apenas uma dimensão (ou concretização) do princípio do bom andamento da Administração.[104] Vale lembrar, todavia, que, nos primeiros tempos da Constituição de 1947, a tendência dos escritores era identificar a imparcialidade com o princípio da igualdade.[105] A perspectiva "substancialista", então, somente seria alcançada com Allegretti, o qual conceituou a imparcialidade "como a obrigação de a Administração Pública proceder a uma adequada ponderação e comparação valorativa de todos os interesses protegidos pelo ordenamento jurídico, quer sejam públicos ou privados, e que possam ser afetados pela atividade administrativa".[106] Discordando dessa opinião e mantendo perspectiva "tradicional", ou seja, vislumbrando a imparcialidade somente como proibição de *favores e odia*, Massimo Severo Giannini afirma ser

> quiçás más exacto limitar el alcance de este principio y encuadrar en él la prohibición de los favoritismos; de este modo, este viene a tener una clara configuración, como principio que rige el ejercicio de la potestad discriccional dirigido a establecer que en dicho ejercicio no pueden entrar intereses políticos partidistas, intereses particulares de grupos de presión públicos o privados, ni pueden ser empleados *favores* o *odia*, que no estén establecidos por normas o por indicaciones legítimas del parlamenteo o del gobierno. La aplicación del principio de esta norma constitucional ofrece hoy el juez encargado de controlar el ejercicio de la discrecionalidad administrativa (entre nosotros el juez administrativo) una base escrita para hacer aquello que, por otro lado, ya venía realizando: anular disposiciones administrativas adoptadas en base a una apreciación de los intereses en juego que no es conforme ai principio de imparcialidad.[107]

Da mesma forma que García de Enterría lamenta o "desprestígio" do princípio da imparcialidade na Espanha, louva os "enérgicos passos" para

---

[104] É a posição de Berti, Treves e Mortati, in op. cit. p. 83. Vale lembrar, com Gomes Canotilho, no entanto, que a condição de "concretização" não retira a característica de princípio, apenas que, nessas circunstâncias, o princípio deixará de ser "estruturante" ou "geral" e passará a ser "específico" ou "especial" (in *Direito Constitucional e Teoria da Constituição*, p. 1047 a 1049 e *passim*.

[105] É a posição, p. ex., de Barile e Esposito (*A imparcialidade*, p. 76 e 77).

[106] A mesma posição seria seguida, após, por Cerri, Sandulli, Marzuoli e Virga. (*idem*, p. 78 a 80).

[107] *Derecho Administrativo*, trad Luis Ortega, v. 1º, Madrid: Ministero para las Administraciones Publicas, 1991, p. 114. Essa foi a posição de Giannini que encontramos examinando a tradução castelhana, de 1991, posição esta diametralmente oposta àquela encontrada por Lúcia Valle Figueiredo, que cita a obra *Diritto Amministrativo*, edição de 1993. A mesma posição por nós citada é a mencionada por Maria Tereza Melo Ribeiro, que citou obra do autor peninsular em edição de 1970.

a sua efetivação dados na reforma administrativa italiana, em que o papel do Prof. de Direito Administrativo Sabino Cassese foi de capital importância.[108] É de ser ressaltado, entretanto, que a mera positivação e o desenvolvimento dogmático do princípio, a partir da Constituição de 1947, não representou como imediata conseqüência a sua efetivação.[109]

1.5.5. Direito português

Em Portugal, malgrado a positivação constitucional como princípio "fundamental" da administração pública, a imparcialidade somente vem suscitando o interesse maior dos estudiosos mais recentemente. Dispôs a Lei Fundamental portuguesa:

TÍTULO IX – Administração Pública
Artigo 266º (Princípios fundamentais)
1. A Administração Pública visa à prossecução do interesse público, no respeito pelos direitos e interesses legalmente protegidos dos cidadãos.
2. Os órgãos e agentes administrativos estão subordinados à Constituição e à lei e devem actuar, no exercício das suas funções, com respeito pelos princípios da igualdade, da proporcionalidade, da justiça, da imparcialidade e da boa-fé.

---

[108] *In Democracia, Jueces y Control de la Administración*, p. 119 e 120. A constatação do mestre espanhol põe de relevo, no nosso pensar, a responsabilidade e o comprometimento que deve inspirar e orientar a ciência jurídica, para a consolidação e o atingimento, entre os operadores jurídicos, daquilo que Konrad Hesse denomina de "vontade de constituição" (*A força normativa da Constituição*, p. 19 e 20).

[109] O esforço italiano, do qual teve ativa participação o Prof. Cassese, ao que parece, constituiu-se em uma reação positiva ao caso "Tangentopoli", nos anos oitenta e noventa. Uma visão lúcida acerca dos problemas contemporâneos da Itália relativamente à confusão entre os interesses privados e públicos foi dada pelo Prof. da Universidade de Camerino Luigi Ferrajoli, em comunicação apresentada no verão de 1994, em seminário organizado pelo movimento "Jueces para la Democracia", denominado "A crise do poder judicial na crise do estado de direito: Itália-Espanha, uma reflexão comparada". Ferrajoli centrou suas críticas no governo Berlusconi, empresário italiano que assumiu o cargo de Presidente do Conselho de Ministros (a chefia de governo no parlamentarismo pensinsular). Berlusconi teria transplantado para a administração pública, sem a mediação representativa da representação política, o "bloco de interesses" privado de sua Fininvest, conglomerado empresarial de que é proprietário. O eminente professor italiano criticou a defesa, mesmo pela "sinistra" italiana, da inexistência de normas explícitas sobre a incompatibilidade do cargo de Presidente do Conselho de Ministros com fortes conflitos de interesses, a despeito do princípio geral da imparcialidade da administração pública e sobretudo do que chamou de *"princípio fundamental do moderno estado representativo: a separação entre Estado e sociedade, entre esfera pública e privada, entre poderes econômicos e poder político"*. A comunicação foi publicada *in Corrupción y Estado de Derecho: el papel de la jurisdicción* (Madri: Ed. Trotta, 1996). Tradução da comunicação do Prof. Ferrajoli é encontrada na publicação do Sindicato dos Magistrados do Ministério Público de Portugal (Revista do Ministério Público nº 67, ano 17º, jul./set., 1996, p. 39 a 56). Berlusconi retornou recentemente ao poder na Itália, e mantém-se ainda no centro de discussões envolvendo conflito de interesses entre suas empresas e os interesses públicos.

A positivação da imparcialidade levada a efeito pela Constituição da República portuguesa não deixa dúvidas quanto à relevância deste princípio no sistema constitucional luso. Gomes Canotilho, em sua tipologia quadripartite dos princípios constitucionais, classifica a imparcialidade como *princípio jurídico fundamental*. Segundo ele, o princípio da imparcialidade é

> simultaneamente negativo e positivo: ao exigir-se imparcialidade proíbe-se o tratamento arbitrário e desigual dos cidadãos por parte dos agentes administrativos, mas ao mesmo tempo, impõe-se a igualdade de tratamento dos direitos e interesses dos cidadãos através de um critério uniforme da ponderação dos interesses públicos.[110]

Jorge Miranda ressalta a não-identificação entre igualdade e imparcialidade, embora assevere estarem muito próximas. Menciona o professor das Universidades de Lisboa e Católica Portuguesa, que o princípio da imparcialidade importa, nas relações entre a Administração e os particulares,

> quando estes estejam em concorrência (ou em conflito) actual ou potencial, [que] a Administração não se comprometa com as suas pretensões, e que não aprecie as suas qualidades a não ser a partir de elementos objectivos de carácter geral. Significa, pois, abstenção ou independência diante dos interesses privados em presença e desinteresse dos titulares dos órgãos ou agentes na actividade administrativa.[111]

Maria Teresa M. Ribeiro resume assim as posições dos autores portugueses:

> a) A tendência para reservar ao princípio da imparcialidade um entendimento amplo e abrangente, do qual resulta a atribuição ao princípio da imparcialidade um conteúdo simultaneamente negativo e positivo;
> b) A tendência para identificar a vertente positiva com a obrigação de a Administração ponderar todos os interesses legalmente relevantes no caso concreto, sejam eles públicos ou privados;
> c) A tendência para considerar o princípio da imparcialidade um princípio jurídico vinculativo de toda a actividade administrativa, ainda que parte significativa da doutrina não deixe de restringir o princípio ao exercício do poder discricionário

---

[110] *Direito Constitucional e Teoria da Constituição*, p. 1038 e 1039.

[111] Diferenciando igualdade e imparcialidade, Jorge Miranda leciona que "A igualdade contende com os destinatários dos actos da Administração, a imparcialidade refere-se aos órgãos e agentes da Administração" (*Manual de Direito Constitucional*, t. IV, p. 222 e 223). A mesma posição foi adotada no Brasil por Cármen L. A. Rocha, acerca da discussão relativa à identidade entre igualdade e impessoalidade: "A igualdade é direito e o seu titular é o indivíduo ou o cidadão. A impessoalidade é dever e quem o titulariza é a Administração Pública" (*Princípios constitucionais da Administração Pública*, p. 154).

e reconheça a sua especial importância como limite da discricionariedade administrativa;

d) a tendência para confundir o princípio da imparcialidade com o princípio da igualdade, com uma argumentação nem sempre clara, pois embora partindo de uma posição de reconhecimento da autonomia ao princípio da imparcialidade, acaba por se lha retirar ao reconduzir ao princípio da igualdade;

e) A tendência para relacionar o princípio da imparcialidade com o princípio da proporcionalidade;

f) A tendência para ligar o princípio da imparcialidade à realização de um ideal de justiça;

g) A tendência para estender os efeitos jurídicos do princípio da imparcialidade, e do dever funcional que daí decorre, à organização administrativa;

h) A tendência para relacionar com o princípio da imparcialidade administrativa numerosas realidades jurídicas, tais como o procedimento administrativo, a participação dos interessados, a publicidade dos actos, o recrutamento por concurso público.[112] o dever de abstenção, os impedimentos, as suspeições, etc.;

i) A tendência, por fim, para reconduzir a ilegalidade concreta do acto parcial ao vício da violação de lei.[113] [114]

Mais recentemente, em especial a partir de 1996, com os fecundos estudos de Maria Teresa Ribeiro e David Duarte, hauridos especialmente no trabalho dos publicistas peninsulares, tenta-se em Portugal o desenvolvimento do princípio da imparcialidade dissociando-o do da igualdade (como também do da proporcionalidade e da justiça), para o qual tem sido invariavelmente reconduzido.

Maria Teresa Ribeiro menciona que a imparcialidade promove "novos parâmetros valorativos de actuação administrativa", que, "ao alargarem a esfera de apreciação racional e objectiva da conduta da

---

[112] Também na jurisprudência portuguesa as questões relativas à isenção quanto ao recrutamento de servidores públicos por concurso são tratadas como aplicação do princípio da *imparcialidade* (e da justiça) como evidenciam as decisões lançadas nos Processos 1888/98 (Disponível em: http://www.terravista.pt/nazare/2357/1888-98.html, acesso em: 02 de maio de 2000); 2844/99 (Disponível em: http://www.terravista.pt/nazare/2357/2844-99.html, acesso em 22 de outubro de 2000); e 2717/99 (Disponível em: http://www.terravista.pt/nazare/2357/2717-99.html), acesso em 22 de outubro de 2000), todos da Seção do Contencioso Administrativo do Tribunal Central Administrativo de Portugal, ao passo que entre nós são tratadas como relativas à *impessoalidade* (STJ, REsp 44.793-DF, DJ 6/2/1995, e REsp 27.865-DF, DJ 14/4/1997).

[113] *A Imparcialidade*, p. 109. Diferentemente do Brasil, onde foi maior a influência de HAURIOU e seus seguidores, e, por conseguinte, o desenvolvimento da "moralidade administrativa". Em Portugal, o desvio de poder, para a maioria dos publicistas, sempre foi considerado vício de legalidade. Nesse sentido, calha lembrar a lição de Marcello Caetano (*Manual*, p. 506 a 510), que parece ter influenciado decisivamente seus conterrâneos.

[114] Foram analisadas as contribuições de Vieira de Andrade, Sérvulo Correa, Esteves de Oliveira, Martins Claro, Freitas do Amaral, Rui Machete, Baptista Machado, Gomes Canotilho, Vital Moreira e Jorge Miranda.

administração, vem reforçar o controlo jurisdicional da actividade administrativa, em especial da actividade discricionária".[115] A autora portuguesa enfoca a imparcialidade como *princípio geral de direito administrativo*, valendo-se sobretudo das lições de Gomes Canotilho e García de Enterría & Ramón Fernández, ressaltando a natureza preceptiva da norma em apreço, extraindo inclusive a desnecessidade de normas infraconstitucionais para sua concretização e a sua força de censura quanto à inconstitucionalidade.[116]

Maria Teresa de Melo Ribeiro classifica em duas grandes correntes as posições da doutrina inglesa, francesa, alemã, espanhola e italiana (além da portuguesa): (a) as teses negativas ou subjetivas; e (b) as teses positivas ou objetivas. As primeiras destinam-se a assegurar a independência e a neutralidade política dos funcionários públicos. Segundo essas posições, o princípio da imparcialidade tem por objetivo libertar a administração da influência estranha ao interesse público e esgota-se em uma série de proibições: de favorecer ou perseguir, de intervir no procedimento quando pessoalmente interessado e, segundo alguns, de tratar de modo desigual o que é igual e de modo igual o que é desigual. As teses positivas ou objetivas reconhecem a importância da vertente negativa, acima exposta, mas dão para a imparcialidade "um alcance mais abrangente, do qual deriva directamente para a Administração Pública a obrigação de ponderar de uma forma mais adequada, e previamente à tomada de decisão, todos os interesses juridicamente relevantes".[117] Lembra ainda a autora em apreço que para uns *essa ponderação tem de levar em conta todos os interesses, públicos e privados, tutelados pelo ordenamento jurídico*, ao passo que, para outros, a maioria, "a exigência de uma ponderação e valoração comparativa restringe-se ao núcleo de interesses, públicos ou privados, legalmente protegidos, que possam ser afetados pela actuação da Administração Pública".[118] Maria Teresa Ribeiro inclui-se entre os adeptos da segunda corrente, mas, para atender o aspecto positivo da imparcialidade, afirma ser necessário "que a totalidade dos interesses afectados pelo agir administrativo seja tomada em consideração pela Administração".[119] Nesse sentido, devem ser incluídas nessa noção de

---

[115] *A imparcialidade*, p. 97.
[116] *Idem*, p. 86 a 98.
[117] *Ibidem*, p. 154 e 155.
[118] *Ibidem*, p. 155.
[119] *Procedimentalização, participação e fundamentação*, p. 292 e 293.

interesse todas as situações jurídicas subjetivas dignas de proteção jurídica, ou seja, todos os interesses concretamente atingidos, ainda que não previstos legalmente.[120]

David Duarte inclui-se entre os adeptos da corrente positiva ou objetiva, como acima delimitada. Sua construção do princípio da imparcialidade é, contudo, mais complexa e elaborada. Parte David Duarte da idéia segundo a qual a imparcialidade corresponde a um imperativo de aquisição de material de ponderação, de natureza instrumental. Por assim dizer, é o princípio em questão que vai dizer quais os interesses que deverão entrar no elenco daqueles que vão ser ponderados pelo administrador, na tomada de decisão correta.[121] Não distingue ele, quanto a estes interesses, se são concretos, previstos expressamente em lei ou não (como faz M. T. Ribeiro), mas somente alude a que sejam eles relevantes no contexto decisório.[122]

David Duarte reconhece na imparcialidade duas vertentes: uma negativa e outra positiva (que correspondem aos aspectos positivo e negativo na classificação de M. T. Ribeiro). A vertente *negativa* é aquela que impede o administrador de ponderar interesses não relevantes, e a *positiva*, de deixar de incluir interesses relevantes no material de ponderação. A vertente negativa é subdividida em duas componen-

---

[120] *Ibidem*, p. 156, e nota 8. A autora, segundo ela, fica numa posição intermediária àquela adotada por Allegretti e Cerri, na doutrina italiana, que corresponde às duas posições esboçadas no texto. Com a máxima vênia, a distinção que propõe Maria T. Ribeiro da maioria dos autores, ao pretender que os interesses a ser ponderados sejam "os concretamente atingidos, ainda que não previstos legalmente", pouco difere, na prática, daqueles (a minoria) que entendem que os interesses a ser ponderados sejam "todos, os privados e públicos, tutelados pelo ordenamento", e dos demais (a maioria) que vêem os interesses como os "atingidos pela decisão, legalmente protegidos". A questão se resume à definição, no caso concreto, do que seriam os interesses "atingidos pela decisão" que não fossem "legalmente protegidos" pelo ordenamento. Ao decisor administrativo nos parece um tanto difícil ponderar "todos os interesses", e sim, aqueles que lhe aparecem como passíveis de serem atingidos pela decisão que vai proferir. A discussão, a nosso ver, parece ter como "pano de fundo" a questão do que seja "norma jurídica", ou seja, quais as situações fáticas abrangidas pelo direito, matéria que está encontrando uma atenção maior dos autores, com a admissão do conteúdo prescritivo dos princípios jurídicos, a partir da obra de Crisafulli. A discussão, como se sabe, não é nova na ciência jurídica, desde que se passou a questionar o chamado "dogma da completude", como revela N. Bobbio, *in Teoria do Ordenamento Jurídico*, p. 115 e *passim*.

[121] *Procedimentalização, participação e fundamentação*, p. 292 e 293.

[122] A relevância, nesse caso, obviamente há que ser jurídica (sem necessariamente estar o interesse a ser ponderado previsto expressamente, mas implicitamente), razão pela qual a posição deste autor, a nosso ver, não difere da autora anteriormente citada, quanto a esta questão. Noutra passagem, D. Duarte defende a necessidade de "integração máxima de fatos e interesses" (*op. cit.*, p. 292, nota 118), pelo que a previsão "legal" neste caso, há de ser implícita, sem o que não será "máxima".

tes: uma de tipo subjetivo e outra de tipo objetivo. A vertente negativa, de tipo subjetivo, corresponde à proibição de inclusão de interesses (subjetivos) irrelevantes no elenco daqueles a serem ponderados, considerado o *decisor*, ou seja, interesses que não são aqueles da administração (mas pessoais do administrador ou de terceiros). Nesses últimos, inclui-se a intenção de favorecer ou prejudicar alguém (pessoas, grupos, partidos políticos etc.). É nessa vertente que se materializa a necessidade de isenção e neutralidade, atendida pelos institutos de impedimento e suspeição. A vertente negativa, de tipo objetivo, diz também respeito à proibição de considerar interesses não-relevantes (não-subjetivos, considerado o decisor), mas sem a intenção de promover *favores* e *odia*. Reconhece D. Duarte que a distinção entre os tipos subjetivo e positivo da vertente negativa é limitada, e somente importa para evidenciar que a imparcialidade pode ser desobedecida também sem contar a intenção subjetivamente determinada do administrador, ou seja, independentemente de favores ou perseguições. Cita Duarte a possibilidade de ponderar interesses irrelevantes porque inexistentes, a despeito de não constituírem *favores* e *odia*, como, *v. g.*, a decisão de localização de um viaduto ponderada com o interesse de uma reserva ecológica que, de fato, não existe nas alternativas fáticas possíveis. A vertente positiva do princípio da imparcialidade revela-se em um comando que proíbe a não-consideração de interesses relevantes para a decisão. Segundo Duarte, é passível de ver reconhecidas nesta vertente positiva duas projeções (embora sob outro critério diferente da vertente negativa): uma projeção estática e outra dinâmica. A projeção estática da vertente positiva, como na vertente negativa, regula o momento de aquisição dos interesses a ponderar. Por assim dizer, na projeção estática é que vai o *decisor* administrativo ser impedido de deixar de considerar interesses que são relevantes para a administração. Neste momento, por exemplo, é que o interesse privado de um administrado, relevante juridicamente, não pode ser olvidado pela administração.[123] A projeção dinâmica, a seu turno, exige que os interesses sejam "capturados procedimentalmente".[124] A projeção dinâmica aponta na necessidade da *procedimentalização*[125] dos atos da adminis-

---

[123] O autor não cita exemplos, mas poderia, a nosso ver, ser exemplificada a projeção estática da vertente positiva com um situação segundo a qual um administrado invoca o interesse em não ser desapropriado por já manter no imóvel a ser atingido por este ato uma entidade com finalidade pública.

[124] *Procedimentalização, participação e fundamentação*, p. 297.

[125] O presente trabalho não distingue procedimento de processo, tal qual faz a doutrina brasileira.

tração, a fim de ser respeitado o princípio. Tese, aliás, que o autor desenvolve no decorrer da sua instigante obra.

O que parece apontar o estudo que se desenvolveu a partir do direito comparado é que nos países onde a imparcialidade foi constitucionalmente positivada como um princípio geral da administração, dirigida não somente aos servidores e seu estatuto, mas a toda a atividade administrativa (como na Itália e em Portugal), a doutrina nacional ocupou-se mais do tema.

Por outro lado, a experiência italiana também revelou que a efetivação do princípio depende de condições outras que não se resumem à *communis opinio doctorum*. Vale lembrar que o raciocínio obviamente não se aplica aos países que seguem a matriz britânica. O Brasil, quem sabe por conta da "juventude" da Constituição de 1988, segue sendo exceção (ao desenvolvimento do princípio pela ciência jurídica) e regra (quanto à não-efetividade) nesse contexto.

Tanto Maria Teresa Ribeiro quanto David Duarte encontram semelhanças e pontos de contato entre o princípio da imparcialidade e os princípios da igualdade, proporcionalidade e justiça, mas sustentam a autonomia do primeiro, baseada em diferenças de conteúdo entre eles.

1.6. Impessoalidade e imparcialidade

Como já se disse alhures (item 1.2), impessoalidade, literalmente, significa contrariedade à pessoalidade, ao que é dirigido à pessoa ou às pessoas em particular. Significa, por outras palavras, a qualidade daquele que é alheio às individualidades, daquele que não substitui a multidão pela pessoa. Tomando-se a multidão por "todo" e pessoa por "parte", é possível identificar impessoalidade e imparcialidade, tal como ela é concebida pelo direito português,[126] máxime em razão das similitudes constitucionais.

Ter como princípio geral da administração pública a imparcialidade (em lugar da impessoalidade) oferece vantagens. O princípio da imparcialidade, nos direitos inglês, italiano e português, como vimos, foi transposto da administração da justiça para a administração pública, em

---

[126] Também essa é a opinião de Juarez Freitas, no seu *O controle dos atos administrativos*, p. 67, nota 73.

razão da necessidade de imprimir ao decisor administrativo a mesma neutralidade, objetividade e isenção do juiz. Mesmo assim, somente mais recentemente (na Itália, após a Constituição de 1947, e em Portugal, após a Constituição de 1976), houve o aproveitamento do segundo corolário do princípio da imparcialidade jurisdicional pelo direito administrativo.

Nesse passo, é de ser registrada a opinião de Lívia Maria A. K. Zago, para quem a nossa impessoalidade tem conteúdo mais preciso (e restrito) que a imparcialidade nos ordenamentos que a adotam como princípio da administração. Refere ela as dificuldades encontradas na doutrina italiana para emoldurar o princípio da imparcialidade administrativa, obrigando os autores a conceituar a administração como "parte imparcial". Com isso, diz ela, configura-se um paradoxo, uma *contraditio in terminis*, porquanto algo não pode ser e não ser ao mesmo tempo. Mais exato, aludo, seria falar-se na administração como *parte impessoal*.[127] Lívia Zago afirma que o princípio da imparcialidade somente se aplica à Administração quando esta exerce atividade de ponderação de interesses privados, momento em que fica eqüidistante dos interesses em concerto.[128] Fora dessa possibilidade, a Administração não poderia ser imparcial, apenas impessoal, uma vez que figura na relação com o administrado como "parte", titulando um interesse privativo que é ao mesmo tempo público.[129] A posição não nos parece defensável, porquanto, no final das contas, a questão está na definição do conteúdo do princípio – como positivado em cada ordenamento – e na constatação de que a administração não titula interesse próprio, mas público. Ademais, Lívia Zago afirma que o juiz, ao vincular-se subjetivamente a uma parte no processo, incorreria em impessoalidade, e não em imparcialidade,[130] contrariando, certo modo, a afirmativa anterior, ao citar como a única possibilidade de imparcialidade administrativa a ponderação de interesses privados. Logo, insiste-se, teríamos a ganhar com a aproximação entre a imparcialidade e a impessoalidade, face ao desenvolvimento já alcançado por aquele princípio em outras ordens jurídicas.[131]

---

[127] *O princípio da impessoalidade*, p. 366-368.
[128] *Op. cit.*, p. 374.
[129] *Idem*, p. 367.
[130] *Ibidem*, p. 372.
[131] A própria Lívia Zago menciona que a dimensão objetiva não cabe no princípio da impessoalidade, como se viu (*vide* nota 83), por não ter sido essa a intenção do legislador constitucional (*O princípio da impessoalidade*, p. 364 e 365).

A imparcialidade judicial pressupõe não só *a proibição* ao juiz para que julgue uma causa em que figura como interessado (*nemo judex in causa propria*), mas também *o comando* para que ouça todos os interessados no pleito (*audi alteram partem*).[132] O primeiro importa nas chamadas "garantias de imparcialidade", instrumentalizado por meio de impedimentos e suspeições,[133] matéria hoje regulada no direito processual civil pátrio pelos arts. 134 e 135 do CPC, e no processo penal, nos arts 252, 253 e 254 do CP. O segundo, importa na obrigatoriedade de que o juiz ouça as razões das partes (ou intervenientes) envolvidos no pleito judicial, basicamente expresso nos direitos ao *contraditório* e ao *devido processo legal*.

Esta segunda dimensão da imparcialidade, clara para os processualistas, somente é divisada, via de regra, pelos administrativistas, nos procedimentos que envolvam um julgamento como aqueles relati-

---

[132] É o que menciona Marcello Caetano para o que denomina de "processo jurisdicional de execução das leis" (*Manual de Ciência Política e Direito Constitucional*, p. 168).
[133] As causas de impedimento e suspeição, em Portugal, estão previstas nos arts. 44º e 48º do Decreto-lei 442/91 (Código de Procedimento Administrativo), respectivamente: *"Artigo 44. Casos de impedimento. Nenhum titular de órgão ou agente da Administração Pública pode intervir em procedimento administrativo ou em acto ou contrato de direito público ou privado da Administração Pública nos casos seguintes: a) Quando nele tenha interesse, por si, como representante ou como gestor de negócios de outra pessoa; b) Quando, por si ou como representante de outra pessoa, nele tenha interesse o seu cônjuge, algum parente ou afim em linha recta ou até ao 2º grau da linha colateral, bem como qualquer pessoa com quem viva em economia comum; c) Quando, por si ou como representante de outra pessoa, tenha interesse em questão semelhante à que deva ser decidida, ou quando tal situação se verifique em relação a pessoa abrangida pela alínea anterior; d) Quando tenha intervindo no procedimento como perito ou mandatário ou haja dado parecer sobre questão a resolver; e) Quando tenha intervindo no procedimento como perito ou mandatário o seu cônjuge, parente ou afim em linha recta ou até ao 2º grau da linha colateral, bem como qualquer pessoa como quem viva em economia comum; f) Quando contra ele, seu cônjuge ou parente em linha recta esteja intentada acção judicial proposta por interessado ou pelo respectivo cônjuge; g) Quando se trate de recurso de decisão proferida por si, ou com a sua intervenção, ou proferida por qualquer das pessoas referidas na alínea b) ou com intervenção destas"*. *"Artigo 48. Fundamento da escusa e suspeição. 1 – O titular de órgão ou agente deve pedir dispensa de intervir no procedimento quando ocorra circunstância pela qual possa razoavelmente suspeitar-se da sua isenção ou da rectidão da sua conduta e, designadamente: a) Quando, por si ou como representante de outra pessoa, nele tenha interesse parente ou afim em linha recta ou até ao 3º grau de linha colateral, ou tutelado ou curatelado dele ou do seu cônjuge. b) Quando o titular do órgão ou agente ou o seu cônjuge, ou algum parente ou afim na linha recta, for credor ou devedor de pessoa singular ou colectiva com interesse directo no procedimento, acto ou contrato; c) Quando tenha havido lugar ao recebimento de dádivas, antes ou depois de instaurado o procedimento, pelo titular do órgão ou agente, seu cônjuge, parente ou afim na linha recta; d) Se houver inimizade grave ou grande intimidade entre o titular do órgão ou agente ou o seu cônjuge e a pessoa com interesse directo no procedimento, acto ou contrato. 2 – Com fundamento semelhante e até ser proferida decisão definitiva, pode qualquer interessado opor suspeição a titulares de órgãos ou agentes que intervenham no procedimento, acto ou contrato"*.

vos à aplicação de penalidades a servidores públicos (os "acusados em geral" de que dispõe o art. 5º, inciso LV).

As teses (ou vertentes) negativa e positiva, de que falam M. T. Ribeiro e D. Duarte podem, a nosso ver, ser enquadradas, respectivamente, como desenvolvimento dos princípios *nemo judex in causa propria* e *audi alteram partem*, corolários do denominado princípio da "justiça natural" do direito inglês.[134]

No Brasil, como se observou, só mais recentemente a impessoalidade passou a ser estudada – e justiça seja feita às publicistas Lúcia Valle Figueiredo, Cármen Lúcia Antunes Rocha e Germana de Oliveira Moraes – algo mais que a "simples" alusão à igualdade dos administrados perante a Administração foi admitido. Malgrado esses avanços, a chamada vertente positiva do princípio da imparcialidade, que poderia ser perfeitamente recepcionada por nós e incorporada na impessoalidade, ainda está a carecer de desenvolvimento. A vertente negativa da impessoalidade parece corresponder à juridicidade de um Estado Liberal, em que a lei funcionaliza barreiras à intervenção estatal na autonomia individual, ao passo que a vertente positiva é própria do Estado (Social e) Democrático de Direito e de uma administração prestacionista.[135]

Esse "movimento", sentido em terras portuguesas, tendente à ampliação do princípio da imparcialidade de modo que este configure mais do que a proibição de *favores* e *odia* e, portanto, limitado à disciplina de impedimentos e suspeições, uma vez aqui admitido, não ofenderia ou contrariaria qualquer princípio constitucional aplicável à administração pública. Muito ao contrário disso, atenderia à necessidade de justiça, como valor a ser buscado pela ordem jurídica. Não há risco de equívocos, portanto, em se dizer que o administrador *impessoal* é *imparcial*, e *vice-versa*.

Subscrevemos *in totum* a abordagem analítica que faz David Duarte, antes explicitada, quanto à possibilidade de se subdividir as vertentes negativa e positiva respectivamente nas componentes subjetiva e objetiva e nas projeções estática e dinâmica. Recapitulando, a impessoalidade contém os comandos de impedir ao decisor adminis-

---

[134] MELO RIBEIRO, Maria Tereza. *O princípio da imparcialidade*, p. 23.

[135] Isso representaria, a nosso ver, um progresso em termos de produção normativa, no sentido da crítica que faz Lenio Streck, relativamente à ausência, entre nós, de um modo de produção jurídica própria do Estado Democrático de Direito, conforme salientado na nota 35.

trativo de ponderar interesses que são irrelevantes (vertente negativa) e de deixar de considerar interesses que são relevantes no contexto probatório (vertente positiva). A vertente negativa é de tipo subjetivo, que se materializa na exigência de isenção e é violada pela distribuição de *favores* e *odia*, e de tipo objetivo, em que há a consideração de interesses irrelevantes, mesmo sem a concorrência da vontade do *decisor*. Essa análise tem a vantagem de demonstrar que pode haver a violação da impessoalidade, na dimensão negativa, mesmo que atendida a necessidade de isenção do *decisor* administrativo (vertente negativa de tipo objetivo). Mesmo um administrador não movido por sentimentos e paixões pessoais pode levar em conta, na sua decisão administrativa (ou como prefere o mestre luso, na aquisição do material de ponderação), interesses irrelevantes, por erro.[136] O administrador pode praticar decisão administrativa pessoalizada, ou seja, violando o princípio constitucional, ainda que subjetivamente isento, sem a intenção de favorecer ou prejudicar alguém.[137]

Na prática, porém, a distinção, como mesmo reconhece D. Duarte, é relativa.[138] porquanto independentemente da vontade do administrador, teremos um administrado prejudicado pela decisão, o qual teve um interesse administrativamente relevante excluído da decisão, e, em razão disso, haverá ilegalidade. A vertente positiva tem duas projeções: uma estática, que regula a entrada dos interesses no âmbito do que vai ser considerado pelo administrador, e que impede que este deixe de incluir o que é juridicamente relevante; e uma dinâmica, que materializa a necessidade de uma *procedimentalização*, para a captura dos interesses a serem ponderados. O princípio é violado, no primeiro caso, com a desconsideração do interesse que deveria ser incluído no material a ser ponderado, e no segundo, com a não-realização do procedi-

---

[136] D. Duarte alude a uma *errada composição do elenco de interesses a ponderar* (*Procedimentalização*, p. 296). Nesse "erro" pode ser enquadrada qualquer forma de conduta não-intencional, vale dizer "culposa". O mesmo autor cita a hipótese de serem considerados, na construção de uma obra pública, problemas ambientais inexistentes (*Op. cit.*, p. 296, nota 128).

[137] Nesse ponto, pode ser cogitada uma interessante conexão com uma lição de Agnes Heller, para quem, além do desligamento dos gostos e desgostos pessoais, a prática justa (vale dizer, imparcial) "requerer sabedoria prática, uma espécie de *phronesis*, usando a terminologia de Aristóteles. Deve-se conhecer os fatos, as circunstâncias, as pessoas, para fazer um julgamento apropriado, para agir adequadamente e classificar com justiça" (*In Além da justiça*, p. 30). Impende lembrar que esta autora denomina imparcialidade "qualificada" tão-somente a objetividade e o desprendimento dos gostos e desgostos pessoais (*op. cit.*, p. 29 e 30). Essa "sabedoria prática" equivaleria, portanto, à vertente negativa de tipo objetivo (imparcialidade/impessoalidade sem concurso de *favores* ou *odia*).

[138] *Procedimentalização*, p. 296.

mento administrativo. A conexão desta última projeção dinâmica da vertente positiva do princípio da impessoalidade com o princípio do devido processo legal é evidente.

A divisão em vertente positiva e negativa, por outro lado, embora bem ressalte as operações decisórias realizadas pelo administrador, malgrado seus inegáveis méritos teóricos, como se disse antes, é forçoso admitir, tem pouco valor prático. Na verdade, pouco difere no mundo dos fatos a decisão administrativa que traz para o universo dos interesses a serem ponderados os que ali não deveriam estar, por falta de isenção, erro ou "imperícia" do *decisor* (vertente negativa), ou que não traz para o universo de ponderação (vertente positiva) os interesses cuja presença era obrigatória por imposição normativa, pelos mesmos vícios ou em face da não-realização do procedimento que os tornaria conhecidos. O próprio D. Duarte alude que a projeção estática da vertente positiva configura "vício da discricionariedade".[139] Com efeito, a consideração de interesses irrelevantes, de tipo objetivo (sem *favores* e *odia*) em nada difere da desconsideração de interesses relevantes (vertente positiva de projeção estática). Tomemos como exemplo do segundo caso a hipótese de alguém que, malgrado atingido por uma obra pública, não foi indenizado, por ter entendido o administrador que os efeitos da obra não lhe atingiam. Nesta hipótese, não veremos muita diferença, pelo prisma da imparcialidade-impessoalidade, do exemplo citado por David Duarte, antes aludido, da construção de viaduto que levou em conta um interesse ambiental inexistente. O importante, para a constatação da observância ou não do princípio, não é situação subjetiva do decisor, mas a efetiva desconsideração do que deveria ser considerado ou a consideração do que deveria ser desconsiderado, independentemente do "estado anímico".

A classificação de David Duarte, portanto, a nosso sentir, revela-se de pouco interesse prático. Nesse sentido, mais apropriada é a lição de Maria Teresa de Melo Ribeiro, a qual apenas inclui na imparcialidade (para nós impessoalidade) a obrigatoriedade de, para além da simples proibição de favorecimentos e perseguições (posição negativa ou subjetiva), tomar em considerações todos os interesses concretamente afetados pela decisão administrativa e passíveis de proteção jurídica, públicos e privados (posição positiva ou objetiva).[140] O esfor-

---
[139] *Idem*, p. 297.
[140] Segundo essa autora, a chamada vertente negativa de tipo objetivo é incluída na posição positiva, e não na posição negativa.

ço teórico em "fotografar" todos os movimentos da decisão administrativa parece caminhar no sentido de demonstrar a natureza formal do princípio, a fim de evidenciar a diferença do princípio da igualdade, supostamente "material".

O princípio da impessoalidade, destarte, consiste na vedação ao administrador de considerar interesses irrelevantes e de desconsiderar os relevantes, reputando-se como interesses relevantes todos aqueles atingidos pela decisão administrativa, públicos ou privados, capazes de configurar situações subjetivas tuteláveis pelo direito. Nossa posição, como se vê, praticamente se identifica com aquela proposta pela mestra portuguesa Maria Teresa de Melo Ribeiro.

Decidir administrativamente, tomando em consideração interesses irrelevantes, por interesse pessoal, *é ser juiz em causa própria*, violando o primeiro corolário do que seria a projeção administrativa do princípio da imparcialidade judicial. Decidir administrativamente, considerando interesses irrelevantes, por erro ou culpa, ou desconsiderando interesses relevantes, pelas mesmas razões, configura, de certo modo, afronta ao princípio segundo o qual *todas as partes interessadas devem ser ouvidas*, ou seja, ao que seria o segundo corolário do princípio da imparcialidade judicial. Ser "ouvido", nestas circunstâncias, significaria, em primeira mão, ter o seu argumento conhecido, e em segunda, se procedente, tê-lo acolhido. Por essa razão, afirmamos, linhas acima, que as vertentes subjetiva e objetiva do princípio da imparcialidade/impessoalidade poderiam ser reconduzidas, respectivamente, aos princípios *nemo judex in causa propria* e *audi alteram partem*, corolários do denominado princípio da "justiça natural" do direito inglês.

1.7. Impessoalidade e igualdade

Não vislumbramos, todavia, como os mestres lusos, tanta nitidez na "separação" entre os princípios da impessoalidade e da igualdade.[141] Percebe-se, de modo especial em David Duarte, o esforço em ressaltar a natureza "formal" ou instrumental do princípio da imparcialidade. Esta, segundo o autor citado, cinge-se a um imperativo de aquisição de material de ponderação, de tal modo que a imparcialidade se limita

---
[141] *Procedimentalização*, p. 312 a 318; e *O princípio da imparcialidade*, p. 206 a 215.

a potenciar indiretamente uma decisão correta. O princípio da imparcialidade não disciplina o modo como os interesses devem ser contrapostos entre si, mas impõe tão só que, para a ponderação do seu balanço recíproco, só devam ser tidos em conta aqueles que são relevantes. Ao obrigar a ponderar todos os interesses que são relevantes no contexto decisório, o princípio da imparcialidade estabelece comandos que se projectam até o momento da decisão, nas determinações da construção decisória e do elenco de quais interesses serão contrapostos.[142]

Em outra passagem: "A natureza formal do princípio da imparcialidade, contraposta à natureza material do princípio da igualdade, justifica por fim a diferença decisiva entre ambos os princípios".[143] Assim, a imparcialidade "reduz-se, portanto, à correcta composição dos elementos a ponderar, enquanto o princípio da igualdade impõe um critério de ponderação entre os interesses".[144] Desse modo, o autor distingue a composição dos elementos a ponderar – momento da incidência da imparcialidade – e a própria ponderação, levada a efeitos tendo a igualdade como um dos princípios a serem sopesados.[145]

A "contraposição de interesses" é operação afeta ao princípio da igualdade, na medida em que em seu atendimento se estabelecerão estatuições iguais para situações iguais e estatuições diferentes para situações diferentes.[146] Nesse sentido, consoante os autores citados, é perfeitamente possível admitir decisões que atentem à imparcialidade e violem o princípio de igualdade.[147]

É verdadeiro que a questão mereceria um estudo e uma abordagem mais aprofundados, mas, ainda que de modo um tanto perfunctório, não é possível divisar um distanciamento tão profundo entre o princípio geral da igualdade e a imparcialidade/impessoalidade. As-

---

[142] *Procedimentalização*, p. 292 e 294.

[143] *Op. cit.*, p. 314.

[144] *Idem*, p. 315.

[145] Essa mesma distinção é levada a efeito por David Duarte para extremar imparcialidade de proporcionalidade, que seria um princípio "substantivo delimitador de qualquer decisão administrativa" – como a igualdade – (*op. cit.*, p. 324) ao passo que a imparcialidade limita-se a "aspectos exteriores da formação da decisão" (*idem*, p. 325). Com Alegretti, David Duarte anota que "uma coisa é, portanto, seleccionar os interesses relevantes para a ponderação, outra, ponderá-los numa medida proporcional, na medida da prossecução do objectivo de limitação do excesso" (*Ibidem*, nota 209).

[146] A bibliografia sobre o princípio da igualdade é vasta. A título ilustrativo, cita-se o manual de Konrad Hesse (*Elementos de Direito Constitucional da República Federal da Alemanha*, p. 330 a 338; e a clássica obra de C. A. Bandeira de Mello, *Conteúdo jurídico do princípio da igualdade*, passim).

[147] Essa, recorde-se, é também a posição de Lúcia Valle Figueiredo (*Curso*, p. 54).

sim, não se concebe, diferentemente do que propõem os estudiosos antes referidos, uma violação do princípio da impessoalidade que não tenha igualmente violado, ainda que de modo indireto ou reflexo, o princípio da igualdade. Por outras palavras, uma vez violado o princípio da impessoalidade, violado também estará de algum modo o princípio da igualdade.

Luigi Ferrajoli, refutando a opinião daqueles que sustentam que o princípio do *juiz natural*, uma das garantias da imparcialidade judicial, tenha origem na *Magna Charta*, argumenta que o princípio em referência é uma garantia moderna, a exemplo do princípio da independência do juiz. Dito documento, imposto pelos barões ingleses ao Rei John, cognominado "Lackland", limita-se a estabelecer ao cidadão o julgamento pelos pares, conquanto sejam eles "homens probos da vizinhança".

Argumenta o mestre peninsular que esta norma se limita a estabelecer um critério de competência territorial, mas nada tem a ver com a impossibilidade do estabelecimento do juízo *post factum*, um dos corolário do princípio do juiz natural. Logo, a imparcialidade/impessoalidade tem o seu nascedouro na modernidade, com a igualdade formal. Ferrajoli afirma, textualmente, que

> la preconstitución legal de juez y la inalterabilidad de las competências *son garantias de imparcialidad*, al estar dirigidas a impedir intervenciones instrumentales de carácter individual o general sobre la formación del juez, la prohibición de jueces especiales y extraordinários *es, sobre todo, una garantia de igualdad*, que satisface el derecho de todos a tener los mismos jueces y los mismos procesos.[148]

Também para Herbert Hart a imparcialidade (e objetividade) do judiciário é decorrência da igualdade. O mestre de Oxford, após dizer que a igualdade (e a justiça) impõe o igual tratamento aos casos semelhantes, asseverou que:

> Dizer que a norma que reprime o homicídio é aplicada justamente é dizer que é aplicada *imparcialmente a todos aqueles e só àqueles que são semelhantes*, ao praticarem o que a lei proíbe.[149]

No mesmo caminho seguem as lições do jusfilósofo pernambucano Nelson Saldanha, para quem o intenso esforço especulativo de Rousseau, em prol de uma vontade geral que suplantasse as vontades individuais, consolidou uma tendência à valorização de um governo impessoal, como uma das dimensões valorativas do iluminismo de

---
[148] *Derecho y Razón*, p. 590 (grifos não constantes do original).
[149] *O conceito de direito*, p. 171 a 175 (grifos ausentes no original).

vertente francesa. Vemos, por este prisma, mais uma vez, a ligação entre a igualdade e a impessoalidade.[150]

Agnes Heller também propõe um conceito "formal" de justiça que parte da *igualdade normativamente constituída*[151] e pressupõe a *imparcialidade* para o seu exercício.[152] Agnes Heller formula o seu conceito formal de justiça como a aplicação consistente das mesmas normas e regras[153] a cada um dos membros de um grupamento social.[154] Sendo justo, ou seja, aplicando consistentemente as mesmas normas a cada um dos membros aos quais essas normas devem ser aplicadas, estar-se-ia, ao fim e ao cabo, tratando com igualdade todos os membros desse grupo.

Com essas lições, evidencia-se a ligação mais íntima da igualdade com a imparcialidade (e a impessoalidade) do que se supõe, ao se pretender a primeira de natureza material e a segunda de natureza formal. Poder-se-ia argumentar, também, que a imparcialidade é "moderna" como a igualdade. Por outras palavras, o rei poderia ser imparcial se julgasse uma contenda envolvendo nobres ou entre clérigos, mas nunca – ou dificilmente – uma que envolvesse um integrante de qualquer desses estamentos e um do "Terceiro Estado".

Como se disse, o tema demanda reflexão. Todavia, ao que parece, ao menos dentro dos limites epistemológicos que se impôs ao presente estudo, não se pode afirmar peremptoriamente que a violação da impessoalidade não atinge, ainda que de modo indireto, a igualdade. Não há dúvidas, mesmos para os autores que admitem uma tal hipótese, de que há pontos de contato entre os princípios da igualdade e da impar-

---

150 *Formação da Teoria Constitucional*, Rio de Janeiro: Renovar, 2000, p. 72.

151 Agnes Heller afirma que "se as *mesmas* normas e regras se aplicam a um grupamento de pessoas, nós nos referimos aos membros desse grupamento como *iguais*. Se *diferentes* normas e regras se aplicam a dois grupamentos de pessoas, e a assimetria do comportamento pertinente aos membros dos dois grupos, em sua mútua relação, é constante, referimo-nos à relação dos membros dos dois grupamentos como *desigual* e aos próprios membros como *desiguais* (entre si)". *In* Além da Justiça, p. 17 e 18 (grifos constantes do original).

152 *Op. cit.*, p. 29. Vale lembrar que A. Heller considera importante, para atendimento da "máxima" da justiça formal, a sabedoria prática ("phroneisis"), que seria uma imparcialidade "não qualificada" (p. 30). Essa "sabedoria prática", identificada por Agnes Heller como necessária à imparcialidade, a nosso sentir, é em muito assemelhada à dimensão "positiva" do princípio da imparcialidade, tal como descrita pelos publicistas lusos, antes mencionados.

153 Entenda-se como "princípios e regras", na conceituação de Robert Alexy.

154 Agnes Heller formula o seu conceito formal de justiça e o define como uma *máxima*, ou seja, muito proximamente ao que a teoria do direito hoje conceitua como "princípio", um "mandado de otimização" (Alexy), que obriga a sua realização em um máximo dentro das possibilidades fático-jurídicas (*Idem*, p. 20 e 21).

cialidade/impessoalidade, e a diferença entre eles residiria na natureza instrumental ou formal deste último.

Ora, a condição de instrumento não desliga o princípio decorrente do princípio estruturante e tampouco a igualdade é somente substancial. O atendimento ou desatendimento do comando deontológico é que produz a lesão em níveis diferentes, dependendo da concretização em que se deu o princípio decorrente. A questão parece residir mais na minimização da igualdade do que na maximização da impessoalidade. Da mesma forma, distinguem-se a imparcialidade e a impessoalidade da igualdade na medida em que se vislumbra esta apenas na sua dimensão material. A igualdade em sua dimensão liberal-formal, malgrado a sua insuficiência, como é por demais cediço, não é de ser desprestigiada, ainda mais no Brasil, onde parece ainda não haver vicejado em sua plenitude. Vale lembrar, contudo, que a maioria dos autores tende a vislumbrar a impessoalidade/imparcialidade, no Brasil e em grande parte da doutrina estrangeira, somente pelo prisma subjetivo, impeditiva de promoção de favorecimentos e perseguições. A ligação entre igualdade e impessoalidade, neste termos, é mais evidente.

Por fim, concluiríamos, afirmando que a igualdade difere da impessoalidade, uma é gênese da outra; o administrador atende à máxima da igualdade quando age com impessoalidade.

Ainda que não se tenha pretendido analisar tais aspectos, não se podem desconhecer também as aproximações do princípio da impessoalidade com os princípios da proporcionalidade – que será mais adiante abordado – e da justiça.

1.8. Impessoalidade e moralidade

Não foi objeto desse estudo enfrentar a conceituação do princípio da moralidade administrativa, cujos delineamentos requereriam uma pesquisa que extrapolaria os limites impostos pelo formato monográfico definido.[155] Com essa ressalva, permitem-se explorar alguns pon-

---

[155] Para uma visão da moralidade administrativa, seu desenvolvimento na França a partir de Hauriou, e sua "recepção" no direito brasileiro, remete-se aos recentes trabalhos de José Guilherme Giacomuzzi (*A moralidade administrativa e a boa-fé da administração pública*: o conteúdo dogmático da moralidade administrativa, pp. 75-179), Márcia Noll Barbosa (*O princípio da moralidade administrativa*: uma abordagem de seu significado e suas potencialidades à luz

tos de contato entre a impessoalidade e a moralidade, algumas já reveladas *supra*.

Inicialmente, cabe ressaltar que a conexão entre impessoalidade e moralidade é intuitiva, considerando que ambos são princípios constitucionais, a isso somando-se a positivação adjunta no mesmo preceito (art. 37, *caput*, da CF/88). Vale lembrar, nessa oportunidade, as referências de Juarez Freitas e Cármen Lúcia Antunes Rocha, para quem, respectivamente, o princípio da moralidade "colabora, ao mesmo tempo, para o reforço dos demais"[156] e "nunca um comportamento da Administração Pública agressivo a um princípio atinge apenas um deles".[157]

Em segundo lugar, como ponto de contato, observa-se que os autores que tratam do tema invariavelmente citam tanto ofensas à impessoalidade quanto à moralidade como vícios de desvio de poder ou de finalidade. Além disso, também ambos os princípios são lembrados em decisões judiciais como fundamento para a anulação do mesmo ato.[158] Da mesma forma que a referência à finalidade pública é sempre citada como uma necessidade para a observância do mandamento da moralidade, também esse *telos* é lembrado para a configuração da impessoalidade. Fábio Medina Osório chega a afirmar que a impessoalidade integra a moralidade:

> nem todo o comportamento imoral, à luz do direito constitucional-administrativo, será fruto de agressão à impessoalidade. Mas todo comportamento ofensivo à impessoalidade será, por consequência, violador da moralidade administrativa. A impessoalidade é um círculo que se insere dentro do círculo mais amplo da moralidade administrativa.[159]

Essa imbricação, mas em sentido inverso, também é lembrada por Germana de Oliveira Moraes:

---

da noção de moral crítica, p. 87-99) e Germana de Oliveira Moraes (*Controle Jurisdicional da Administração Pública*, p. 111-120). Vale registrar a interessante "recuperação" que o primeiro autor faz do pensamento original de Hauriou, ressaltando a moralidade administrativa como manifestação, no direito administrativo, do princípio da boa-fé objetiva, originário do Direito Privado. No direito português, a partir da mesma origem francesa, encontra-se breve mas substanciosa análise na obra de Maria Teresa de Melo Ribeiro (*O princípio da imparcialidade da administração pública*, p. 38-53).

156 *O controle dos atos administrativos e os princípios fundamentais*, p. 68.

157 *Princípios constitucionais da administração pública*, p. 301.

158 Ver notas 188 a 191.

159 *O uso da máquina administrativa e as finalidades privadas dos agentes públicos: observações sobre a Lei nº 9.504/97 à luz da Constituição Federal de 1988*, Revista do Ministério Público do Rio Grande do Sul, nº 41, p. 75.

Neste contexto, torna-se difícil distinguir os vícios de desvio de poder daqueles violadores do princípio da moralidade. Importa, não obstante, lembrar que *o fundamento específico para a invalidação de atos administrativos desviantes dos fins fixados no ordenamento jurídico repousa no princípio da impessoalidade*, cujo conteúdo é comparável ao princípio da imparcialidade no Direito Português.[160]

Já fixada, aqui e alhures, a similitude entre impessoalidade e imparcialidade, e caminhando no sentido de mais aproximar a primeira do que se vem entendendo por imoralidade administrativa, é de ser registrada a opinião de Maria Teresa de Melo Ribeiro, para quem, afinando-se àqueles que entendem que o vício do desvio de poder, não se trata de questão de moralidade, mas de legalidade, afirmou que o vício de desvio de poder, na modalidade subjetiva, "é a imparcialidade administrativa e não uma qualquer moral da Administração Pública, ou o que por ela se entender".[161]

Feitas as devidas aproximações, impõe-se registrar que a doutrina administrativista está longe de estabelecer contornos nítidos para o princípio da moralidade, mesmo após a positivação levada a efeito pelo constituinte de 1988.[162] Embora seja certo que perdeu o sentido a discussão relativa à existência ou não do princípio da moralidade, ante a positivação constitucional, o esforço de objetivação e construção de sentido, ao que parece, tem-no reconduzido a outros princípios, os quais poderiam subsistir autonomamente.[163] Por ora, convém apenas reiterar – uma vez que uma discussão profícua acerca das relações entre Direito e Moral não caberia aqui – que a positivação e o tratamento autonomizado da moralidade devem ser louvados, porquanto, além de colaborarem no reforço dos demais princípios da administração, quiçá não alargando o entendimento dominante da legalidade, estimulam e aprimoram a reformulação do controle principiológico dos atos da administração pública.[164]

---

[160] *Controle jurisdicional da Administração Pública*, p. 118. Os grifos são nossos.

[161] *O princípio da imparcialidade da Administração Pública*, p. 53. Louva-se também a autora em pronunciamentos de Sérvulo Correia, Freitas do Amaral e Vieira de Andrade.

[162] Sintetiza Germana de Oliveira Moraes: "As diversas conceituações de moralidade administrativa, na doutrina brasileira, como já visto, relacionam o conteúdo do princípio ora com a teoria do desvio de poder, ora com a moral interna da Administração, ora com o dever de boa administração, ora com pautas éticas da atuação dos agentes públicos." (*Controle jurisdicional da Administração Pública*, p. 117).

[163] É a constatação a que chegou José Guilherme Giacomuzzi, com a qual concordamos (*A moralidade administrativa e a boa-fé da administração pública*, p. 141-167).

[164] Esse é o pensamento de Juarez Freitas, com o qual concordamos integralmente (*O controle dos atos administrativos*, p. 68 e 70).

1.9. A Impessoalidade como direito fundamental

O tema tem pertinência tendo em vista que os direitos fundamentais, em nosso sistema constitucional, estão sujeitos a um "regime jurídico reforçado", revelado pelo dispositivo do art. 5º, § 1º, e pela condição de integrarem o rol das cláusulas pétreas (art. 60, § 4º, IV). Esta última condição impediria, *v. g.*, emenda constitucional tendente a suprimir o princípio do *caput* do art. 37.[165] Quanto mais não seja, a discussão assume relevância para todos quantos admitem, sob o aspecto hermenêutico, como pauta valorativa, uma maior importância para os direitos fundamentais. Por outro lado, considerando a tese que se vem defendendo, no sentido de que a impessoalidade é uma concretização dos princípios do Estado Democrático de direito, da igualdade e da legalidade, respectivamente princípios fundamentais do Estado brasileiro e direitos fundamentais (os dois últimos), a sua supressão do rol de princípios da administração pública não inviabilizaria o controle dos atos da administração pública, sob sua regência. Diante do que foi exposto no item anterior, é muito difícil se imaginar que algum ato classificável como *impessoal* não fosse também rotulado como *imoral* para os fins de promoção de ação popular ou ação civil pública por improbidade administrativa. Cogitando-se de "prejuízos", nessa ótica, divisar-se-iam somente aqueles oriundos da nossa pouca tradição em uma hermenêutica principialista, com a supressão de uma norma altamente "moralizadora" da conduta administrativa.

Como ponto de partida, deve ser focalizada a disposição do art. 5º, inciso LXXIII, da Constituição de 1988, que prevê, como garantia fundamental,[166] a ação popular.[167] Em primeiro lugar, necessário trazer

---

[165] Além da discussão relativa ao suposto "regime jurídico reforçado", a questão passa pela delicada discussão relativa aos limites do poder de reforma da Constituição, que, no caso dos direitos fundamentais, tem algumas nuanças próprias. O tema é abordado por Ingo Sarlet *in A eficácia dos Direitos Fundamentais*, p. 340-372.

[166] Não é nosso objetivo discorrer sobre a clássica distinção entre direitos e garantias fundamentais, a qual mereceria uma abordagem específica. Registra-se, apenas, de modo sintético, a lição de Jorge Miranda, para quem os *direitos* referem-se à pessoa, à sua autonomia, independentemente do Estado, ao passo que as *garantias* se reportam ao Estado, à sua atividade em relação à pessoa e aos seus modos de organização (*Manual de Direito Constitucional*, T. IV, p. 89).

[167] LXXIII – qualquer cidadão é parte legítima para propor ação popular que vise anular ato lesivo ao patrimônio público ou de entidade de que o Estado participe, à moralidade administrativa, ao meio ambiente e ao patrimônio histórico e cultural, ficando o autor, salvo comprovada má-fé, isento de custas e do ônus da sucumbência;

à baila a constatação de que há direitos fundamentais veiculados por meio de normas que positivam garantias.[168] Assim, pode-se falar, concordando com José Afonso da Silva, em um *direito fundamental à probidade e à moralidade da Administração*, diante da previsão, em norma de direito fundamental, da existência de uma ação constitucional (denominada popular), para a anulação de atos violadores desse valor ou posição jurídica assegurados constitucionalmente,[169] dentre outros. Em segundo lugar, fixada tal premissa, de se verificar se ação constitucional em questão se destina a proteger os atos atentatórios à impessoalidade, ou, por outras palavras, se no âmbito de proteção da norma jusfundamental estariam também as condutas de agentes públicos que violassem aquele princípio. Diante do que se argumentou no item anterior (1.8), como já lembrado, não há dificuldades em apontar no sentido da possibilidade de desconstituição de atos impessoais pela via da ação popular, porquanto abrangidos pela noção de lesividade ao patrimônio público[170] ou pela imoralidade, tal como vem sendo esta entendida.

Ainda que não se concorde com essa linha de argumentação, não fica obstada a consideração da impessoalidade como direito fundamental. Para tanto, não pode ser olvidada a regra do art. 5°, § 2°, da Carta da República,[171] que estabelece a chamada "abertura material" do catálogo de direitos fundamentais.[172] Uma tal abertura é mais do que vem sendo comumente pregado pela doutrina, de regra limitando-se a assinalar a possibilidade de existência de direitos fundamentais "implícitos" ou "decorrentes". Quanto a estes, consoante vem sendo apregoado desde longa data entre nós, com base no direito constitucional americano, a Lei Fundamental, ao admitir como direitos fundamentais "aqueles decorrentes do regime e dos princípios adotados", consagrou a possibilidade de existência de direitos fundamentais não-escritos, deduzíveis a partir do catálogo positivado e dos princípios fundamentais.

---

[168] SILVA, José Afonso, *Curso*, p. 414.

[169] *Op. cit.*, p. 418. Ressalvamos a discussão relativa à condição da probidade como subprincípio da moralidade (Juarez Freitas, *Do princípio da probidade administrativa e a de sua máxima efetivação*, p. 70-73, *O controle dos atos administrativos*, p. 69).

[170] Conforme nota 5.

[171] §2° os direitos e garantias expressos nessa Constituição não excluem outros decorrentes do regime e dos princípios por ela adotados, ou dos tratados internacionais em que a República Federativa do Brasil seja parte.

[172] A argumentação que se desenvolverá segue a linha defendida, com base precipuamente na doutrina germânica, por Ingo W. Sarlet, *in: A eficácia dos direitos fundamentais*, p. 78-137.

Ingo Sarlet propõe uma classificação dos direitos fundamentais em dois grandes grupos: (i) direitos fundamentais expressamente positivados (ou escritos) e (ii) direitos fundamentais não-escritos, ou seja, aqueles que não foram objeto de previsão expressa pelo direito positivo (constitucional ou internacional). O primeiro grupo aceita a subdivisão em mais duas categorias: (i.a) os direitos fundamentais expressos no catálogo do Título II ou em outras partes do Texto Constitucional e (i.b) os direitos fundamentais baseados em tratados internacionais incorporados ao nosso direito positivo. O segundo grupo, ao seu turno, subdivide-se em (ii.a) direitos fundamentais implícitos, subentendidos ou deduzíveis das normas de direitos e garantias fundamentais positivadas e (ii.b) direitos fundamentais deduzíveis do regime e dos princípios adotados pela Constituição.[173] Ingo Sarlet parte da existência de um *conceito material de direitos fundamentais* – configurador de uma "fundamentalidade material".[174] Esse conceito encontraria substância no princípio da dignidade da pessoa humana,[175] de modo especial, mas não exclusivamente, e, por equiparação ou analogia, em razão do peso e da importância, nos direitos fundamentais constantes do "catálogo" por se constituírem em elementos da Constituição material, enquanto reveladores de decisões fundamentais sobre a estrutura básica do Estado e da sociedade.[176] A "fundamentalidade formal", ou seja, encontrar-se o direito previsto em uma norma de direito constitucional, não é nota distintiva para uma posição jurídica ser reconhecida como direito fundamental.[177] Como exemplo de um direito fundamental reconhecido jurisprudencialmente, cita I. Sarlet o princípio da anterioridade tributária, previsto no art. 150, inciso III, alínea "b", da CF, o qual foi reputado como direito e garantia fundamental do cidadão-contribuinte.[178] O mesmo autor cita também, dentre outros, como possíveis exemplos de direitos fundamentais fora do catálogo, mas com *status* constitucional formal, o direito de igual acesso aos cargos públicos (art. 37, I) e a liberdade sindical e de greve dos servidores

---

[173] *Op. cit.*, p. 90.
[174] Aqui a fonte direta é Gomes Canotilho (*Direito Constitucional e Teoria da Constituição*, p. 369-373) e, indiretamente, Robert Alexy.
[175] *A eficácia dos Direitos Fundamentais*, p. 95 a 116.
[179] *Op. cit.*, p. 122.
[177] *Idem*, p. 89-90, expressamente.
[178] STF, ADI nº 939-7, DJU 18.3.94, Rel. Min. Sydney Sanches, onde se discutiu a constitucionalidade da Emenda Constitucional 3/93, que instituiu o IPMF – Imposto Provisório sobre Movimentação Financeira. *In: A eficácia dos Direitos Fundamentais*, p. 83.

públicos (art. 37, VI e VII).[179] Embora o autor não tenha situado tais direitos na classificação por ele proposta, ao que parece, tais exemplos fazem parte da primeira categoria antes mencionada: direitos constitucionais positivados fora do catálogo (i.a).

Retornando ao princípio da impessoalidade, constatamos a sua positivação fora do catálogo (art. 37, *caput*). Quanto à impessoalidade na formulação da publicidade governamental, encontramos regra que determina uma conduta da administração (art. 37, § 1º). Logo, não há dificuldades em reputar o direito à impessoalidade (em qualquer conduta administrativa ou na produção da publicidade) como um direito e garantia fundamental fora do catálogo, mas com *status* constitucional formal (i.a). Ainda que assim não se considerasse, como decorrência dos princípios do Estado Democrático de Direito, da igualdade e da legalidade, seria o direito à impessoalidade um direito fundamental implícito, dedutível dos demais direitos fundamentais (ii.a) ou do regime e princípios adotados (ii.b).

Vale ainda lembrar, para mais ressaltar a fundamentalidade material da impessoalidade, a condição de vir a imparcialidade expressamente positivada no art. 41 da Carta de Direitos Fundamentais da União Européia, como direito fundamental à boa administração:

Artigo 41º
Direito a uma boa administração
1. Todas as pessoas têm direito a que os seus assuntos sejam tratados pelas instituições e órgãos da União de forma imparcial, equitativa e num prazo razoável.
2. Este direito compreende, nomeadamente:
- o direito de qualquer pessoa a ser ouvida antes de a seu respeito ser tomada qualquer medida individual que a afecte desfavoravelmente,
- o direito de qualquer pessoa a ter acesso aos processos que se lhe refiram, no respeito dos legítimos interesses da confidencialidade e do segredo profissional e comercial,
- a obrigação, por parte da administração, de fundamentar as suas decisões.
3. Todas as pessoas têm direito à reparação, por parte da Comunidade, dos danos causados pelas suas instituições ou pelos seus agentes no exercício das respectivas funções, de acordo com os princípios gerais comuns às legislações dos Estados-Membros.
4. Todas as pessoas têm a possibilidade de se dirigir às instituições da União numa das línguas oficiais dos Tratados, devendo obter uma resposta na mesma língua.

---

[179] Op. cit., p. 122.

A "boa administração", equivalente à noção de boa-fé objetiva[180] no direito privado, já estava presente no primeiro escrito de Hauriou relativo à moralidade administrativa.[181] Mais tarde, o desenvolvimento do chamado *dever da boa administração* foi objeto de desenvolvimento da doutrina italiana, em especial de Raffaele Resta e Guido Falzone, como mencionou Diogo de Figueiredo Moreira Neto.[182] Tal dever também é sempre lembrado à guisa de conduta a ser seguida pela administração como pauta concretizadora do princípio da moralidade, consoante já mencionado no item anterior. Ademais, o texto da Carta de Direitos da UE menciona expressamente que são conteúdos de tal direito, dentre outros princípios, a imparcialidade, a eqüidade[183] e o direito do cidadão comunitário de ser ouvido sempre que alguma medida o afete desfavoravelmente.[184] Desse modo, a impessoalidade foi prevista como conteúdo do direito fundamental à boa administração para o cidadão da União Européia, parecendo não restar dúvidas quanto a sua *fundamentalidade material*, como decorrência do regime democrático e princípios fundamentais, haja vista a nossa assemelhada constitucionalização, em especial com Portugal e Espanha, como Estado (social e) Democrático de Direito.

1.10. Concretizações do princípio da impessoalidade na legislação infraconstitucional e na jurisprudência brasileiras

A Lei nº 9.784, de 29 de janeiro de 1999, que regulou o processo administrativo no âmbito da Administração Pública Federal, não descuidou do princípio em questão, embora não tenha aludido a ele expressamente ao enumerar, no *caput* do art. 2º, os princípios de obser-

---

[180] Segundo Judith Martins-Costa, boa-fé objetiva "é modelo de conduta social, arquétipo ou *standard* jurídico, segundo o qual 'cada pessoa deve ajustar a própria conduta a esse arquétipo, obrando como obraria o homem reto: com honestidade, lealdade, probidade". (*A boa-fé no Direito Privado*, p. 411).

[181] Assim anota Márcia Noll Barbosa, que transcreve trecho da obra de 1903, intitulada La Déclaration de Volonté dans le Droit Administratif Français, *Revue Trimestrielle de Droit Civil*, Paris, v. 3, 1903, p. 576 (*O princípio da moralidade administrativa*, p. 90).

[182] *Moralidade administrativa*: do conceito à efetivação, p. 15.

[183] Que nos reconduz à igualdade.

[184] Princípio *audi alteram parte*, componente do princípio da Justiça Natural dos ingleses.

vância obrigatória.[185] Não há como negar, no entanto, que se trata de concretizações da impessoalidade a regra do inciso III deste mesmo artigo 2º;[186] e a disciplina relativa aos impedimentos e suspeições, constante dos arts. 18 a 21.[187] Há que se salientar, todavia, que tais disposições aludem somente ao aspecto "subjetivo" da impessoalidade, olvidado o aspecto "objetivo" do princípio em comento. Apesar disso, cuida-se de aclamável progresso, mesmo porque, como se observou, mesmo em outros países, o tema ainda está a reclamar estudo e desenvolvimento. Espera-se, assim, sejam também os preceitos da Lei nº 9.784/99, antes mencionados, implementados pelas administrações estaduais e municipais. Para tanto, importa lembrar que é desnecessária legislação local – aplicável diretamente à Constituição –, embora desejável.

Na jurisprudência, como seria de se supor, a máxima da impessoalidade não vem recebendo a atenção devida, como suporte racional de decisões judiciais. Poder-se-iam cogitar algumas causas de um tal estado de coisas. A primeira seria a pouca afeição dos "operadores jurídicos" por uma hermenêutica principiológica, tendência que só mais recentemente vem sendo revertida, por conta – acredita-se – da influência da Constituição de 1988, em primeira mão, e por conta da doutrina publicista ibérica, em segunda. Por outro lado, as origens de tal tendência demandariam estudo específico a abranger inclusive as fontes portuguesas do nosso direito e a própria metódica do ensino

---

[185] *Art.* 2º A Administração Pública obedecerá, dentre outros, aos princípios da legalidade, finalidade, motivação, razoabilidade, proporcionalidade, moralidade, ampla defesa, contraditório, segurança jurídica, interesse público e eficiência.

[186] III – objetividade no atendimento do interesse público, vedada a promoção pessoal de agentes ou autoridades;

[187] Art. 18. É impedido de atuar em processo administrativo o servidor ou autoridade que:
I – tenha interesse direto ou indireto na matéria;
II – tenha participado ou venha a participar como perito, testemunha ou representante, ou se tais situações ocorrem quanto ao cônjuge, companheiro ou parente e afins até o terceiro grau;
III – esteja litigando judicial ou administrativamente com o interessado ou respectivo cônjuge ou companheiro.
Art. 19. A autoridade ou servidor que incorrer em impedimento deve comunicar o fato à autoridade competente, abstendo-se de atuar.
Parágrafo único. A omissão do dever de comunicar o impedimento constitui falta grave, para efeitos disciplinares.
Art. 20. Pode ser argüida a suspeição de autoridade ou servidor que tenha amizade íntima ou inimizade notória com algum dos interessados ou com os respectivos cônjuges, companheiros, parentes e afins até o terceiro grau.
Art. 21. O indeferimento de alegação de suspeição poderá ser objeto de recurso, sem efeito suspensivo.

jurídico. Também é de ser lembrado o (ainda) pouco estudo em torno do tema, o que também dificulta a aplicação prática.

O campo onde a aplicação do princípio da impessoalidade tem sido mais sentido é aquele relativo às causas pertinentes ao recrutamento de servidores públicos[188] e à contratação de obras e serviços.[189] Considerou-se, também, como descumprimento do preceito da impessoalidade o pagamento, pela municipalidade, de despesas com alimentação, transporte e hospedagem de equipe de futebol,[190] como também a aplicação de penalidade administrativa a servidor sem a abertura de procedimento administrativo.[191] Praticamente em todos os julgados observa-se – como não poderia se diferente – a tendência de associar ou enumerar o princípio da impessoalidade com os demais princípios insculpidos ou não no art. 37, *caput*, da CF, como os da isonomia, da moralidade e da legalidade.

---

[188] Na ADIMC 637-1/MA (STF, DJ. 08.04.94, p. 7241, Rel. Min. Celso de Mello), *"o postulado constitucional do concurso público"* foi considerado *"cláusula integradora dos princípios da isonomia e impessoalidade"*. Também podem ser citados, como exemplos de julgados em que a impessoalidade foi citada como fundamento de decidir, em matéria relativa a concursos públicos: AGRAG-194.188/RS (STF, 2ª Turma, j. 30.03.98, DJ 15.05.98, p. 48, Rel. Min. Marco Aurélio), REO nº 90.02.23907-6/RJ (TRF 2ª Região, j. 28.09.92, Rel. Juiz Arnaldo Lima, DJ 05.11.92, p. 35646), AMS nº 90.04.09985-9/PR (TRF 4ª Região, 4ª turma, j. 14.02.95, Rel. Juíza Ellen Gracie Northfleet, DJ. 08.03.95, p. 11895), AMS nº 95.04.27554/PR (TRF 4ª Região, 3ª turma, j. 27.11.97, Rel. Juíza Marga Barth Tessler, DJ 14.01.98, p. 410), AC nº 597174325 (TJRGS, 8ª Câmara Cível, rel. Des. Breno Moreira Mussi, j. 16.10.97), AC nº 5999101490 (TJRGS, 4ª Câmara Cível, rel. Des. Wellington Pacheco Barros, j. 07.04.99), MS nº 597206820 (TJRGS, 21ª Câmara Cível, rel. Des. Francisco José Moesch, j. 24.06.98). Estes dois últimos julgados do TJRGS analisaram a questão posta somente citando o princípio da impessoalidade. Vale ainda lembrar o RE 197.888-1/BA (STF, 2ª Turma, j. 13.10.97, DJ 28.11.97, p. 62231, Rel. Min. Marco Aurélio), o qual, diferentemente dos demais, não trata de concurso público, mas refere-se a recrutamento de juiz classista da Justiça do Trabalho (quando ainda permitido).

[189] MS 22.493/RJ (STF, Pleno, j. 26.09.96, DJ 11.12.96, p. 49765, Rel. para o acórdão Min. Maurício Corrêa), AMS nº 90.05.05122-1/CE (TRF 5ª Região, 2ª turma, j. 20.11.90, Rel. Juiz José Delgado, DJ 08.03.91, p. 4115), ADIN nº 597158179 (TJRGS, Pleno, rel. Des. Osvaldo Stefanello, j. 01.12.97), AC nº 596245597 (TJRGS, 3ª Câmara Cível, rel. Des. José Carlos Teixeira Giorgis, j. 19.03.98) e AI nº 598022028 (TJRGS, 1ª Câmara Cível, rel. Des. Celeste Vicente Rovani, j, 27.05.98). Este último julgado analisou a questão lançando mão somente do princípio da impessoalidade. Vale ainda lembrar a Decisão nº 4/1999, do Tribunal de Contas da União (Proc. nº 650.148/1996-7, 2ª Câmara, Rel. Min. Ademar Ghisi, j. 28.01.99, DJ 08.02.99), que considerou violadora do princípio da impessoalidade disposição de regulamento interno de Serviço Social Autônomo (SEBRAE) que dispunha, como critério para contratação de empresas ou profissionais de "notória especialização", *"relação de confiança existente entre o contratante o contratado"*.

[190] AC nº 594105751, da 1ª Câmara Cível do TJRGS, j. 26.04.95, Rel. Des. Celeste Vicente Rovani.

[191] Reexame necessário nº 597126101, 3ª Câmara Cível do TJRGS, Rel. Des. Moacir Adiers, J. 11.09.1997.

1.11. Breves conclusões parciais

A esta altura, chegada a hora de concluir parcialmente sobre o tema, permite-se afirmar que o conteúdo do princípio da impessoalidade não é novidade no nosso direito. O que a Constituição Democrática de 1988 cuidou de fazer é uma especificação de uma dimensão já existente nos princípios do Estado de Direito, da igualdade e da legalidade. Como não se trata de princípios novos no nosso direito, o conteúdo da impessoalidade já era tratado pelos nossos autores como pertencente aos princípios da igualdade, da legalidade ou da finalidade. "Novidades" são a positivação constitucional e a ordinária – que vêm demandando a autonomização do conteúdo do princípio – e a preocupação crescente pelo tema, também explicável pelo interesse que o Direito Público vem despertando após a redemocratização de 1988. Nesse diapasão, também é necessário ressaltar que embora a impessoalidade seja uma exigência do Estado Liberal Clássico, o advento do Estado Democrático de Direito engendra um conteúdo próprio, conseqüente a um programa normativo comprometido com a realização dos direitos fundamentais. Por outro lado, a positivação e a necessidade de sua implementação estão a reclamar um maior cuidado da comunidade jurídica, seja a encarregada do desenvolvimento da ciência jurídica, seja a que tem por ofício a construção da regra individual no caso concreto. Com isso, ganharia eficácia social um preceito altamente promovedor de uma das deficiências marcantes em nossa sociedade, reconhecidamente autoritária e altamente hierarquizada.

2. Princípio da publicidade: algumas notas sobre sua função no estado democrático de direito, conceito e papel no mercado político

> *O príncipe é tão mais capaz de comandar quanto mais é invisível.*
> Norberto Bobbio[192]

2.1. O princípio da publicidade. A publicidade como requisito de eficácia dos atos administrativos. Conceito e importância para o estado democrático de direito

Segundo Juarez Freitas, a norma em apreço, positivada no *caput* do art. 37, pode também ser denominada como *princípio da máxima transparência*, e

> quer significar que a Administração há de agir de sorte a nada ocultar e, para além disso, suscitando a participação fiscalizatória da cidadania, na certeza de que nada há, com raras exceções constitucionais, que não deva vir a público.[193]

Com uma tal idéia, fica claro que o sentido da norma é tornar os negócios públicos visíveis aos administrados, de modo que eles, destinatários e financiadores de tais ações – via atividades financeira e tributária do Estado – possam controlá-los, por meio dos remédios postos à disposição. A conexão do princípio da publicidade com os

---
[192] *O futuro da democracia*, p. 98.
[193] *O Controle dos Atos Administrativos*, p. 70.

princípios do Estado de direito e democrático resulta evidente. Nesse sentido, é marca da modernidade. O artigo 14 da Declaração dos Direitos do Homem e do Cidadão, de 26 de agosto de 1789, estabeleceu que os cidadãos têm o direito de fiscalizar o emprego da "contribuição pública".[194] Não há como exercer tal fiscalização se os negócios de governo acontecerem às escuras. Norberto Bobbio menciona que "a publicidade dos atos de poder (...) representa o verdadeiro momento de reviravolta na transformação do estado moderno que passa do estado absoluto a estado de direito".[195] O jusfilósofo peninsular anota que um governo democrático pode ser definido como aquele que é duplamente público: (i) "público" como contraposição a "privado", ou seja, que é de todos; e (ii) diverso de "secreto".[196] A administração deve ser, portanto, impessoal e visível. Aliás, metaforicamente, "iluminação" quer significar a chegada da luz ao que está nas trevas, tornando visível o que não poderia ser visto. Em outra passagem, Bobbio menciona que "o príncipe (...) é tão mais capaz de comandar quanto mais é invisível".[197] Dos autores citados na revisão teórica que fez Norberto Bobbio acerca da importância da publicidade no Estado Democrático de Direito, importa também relembrar Kant e Carl Schmitt. O filósofo de Königsberg, além de pregar, em um dos escritos mais célebres, como necessário para o esclarecimento (*Aufklärung*), o uso (livre) e *público* da razão,[198] alude também, em outra obra, uma outra dimensão do imperativo categórico, segundo o qual "Todas as ações relativas ao direito de outros homens, cuja máxima não é suscetível de se tornar pública, são injustas".[199] A atualidade dessa máxima, reputada por

---

[194] A íntegra da disposição é "Os cidadãos têm direito a comprovarem, por si mesmos ou por seus representantes, a necessidade da contribuição pública, a admiti-la livremente, a fiscalizar seu emprego, e a determinar a sua cota, sua base, sua arrecadação e sua duração" (tradução inserida na publicação *Direitos Humanos*: Instrumentos Internacionais, documentos diversos, 2. ed., Brasília: Senado Federal, 1997, p. 16).

[195] *O futuro da democracia*, p. 103.

[196] *Op. cit.*, p. 84.

[197] *Idem*, p. 98.

[198] KANT, Immanuel. *Resposta à Pergunta: Que é "Esclarecimento"? ("Aufklärung")*, Textos seletos, p. 100 a 117. Essa passagem também é lembrada por Juarez Freitas, n'*O controle dos atos administrativos*, p. 71, nota 77.

[199] A paz perpétua, in *A paz perpétua e outros opúsculos*, trad. Artur Morão, Lisboa: Ed. 70, p. 165. A tradução constante do texto é da edição italiana, citada por BOBBIO, *O futuro da democracia*, p. 90. Segundo Kant, Este princípio não deve considerar-se apenas como "ético" (pertencente à doutrina da virtude), mas também como "jurídico" (concernente ao direito dos homens). Pois, uma máxima que eu não posso manifestar em "voz alta" sem que ao mesmo tempo se frustre a minha própria intenção, que deve permanecer inteiramente "secreta" se quiser ser bem-sucedida, e que eu não posso "confessar publicamente" sem provocar de modo inevitável

Kant "conceito transcendental do direito público", fica sobejamente demonstrada ante a ocorrência do que chamamos de "escândalo". O que vem a ser um escândalo envolvendo a administração pública? É precisamente um fato ou fatos que, inicialmente ocultos, tornaram-se conhecidos do vulgo e encontraram repúdio, porque não são aceitos por este como justos ou corretos. São fatos que, fossem públicos desde o princípio, não seriam praticados por alguém que pretendesse aprovação popular. Carl Schmitt, a seu turno, reputa a publicidade como elemento necessário para que exista a representação.[200] Um parlamento somente será representativo na medida em que a sua atividade for também pública. (Re) presentar significa tornar presente um ser invisível. Assim, dialeticamente, o ser representado é pressuposto como ausente e, ao mesmo tempo, tornado presente.[201] Reinhold Zippelius, como Carl Schmitt, também ressalta a importância da publicidade no Estado democrático e representativo, ao asseverar que os representantes devem agir de modo que, caso seja conhecida a sua conduta, seja ela aprovada pela opinião pública, dentro das concepções ético-sociais dominantes.[202] Sem publicidade dos atos da administração, assim, não se tem governo por representação e muito menos democracia. Vale ainda lembrar que, da mesma forma que Rogério Gesta Leal encontrou na arquitetura teórica de Aristóteles, exposta em *A Política*, fundamentos de aproximação com o Estado de Direito,[203] pode ser encontrada na mesma obra referência à publicidade. Como "prática salutar às repúblicas", Aristóteles recomendava que, "para prevenir a espoliação do tesouro público, é preciso que a receita seja feita à vista do público".[204]

Como qualquer princípio, o da publicidade também conhece limites. Certos assuntos, por interessarem à própria sobrevivência do

---

a oposição de todos contra o meu propósito, uma máxima assim só pode obter a necessária e universal reacção de todos contra mim, cognoscível *a priori* pela injustiça com que a todos ameaça. (KANT, Immanuel, *A paz perpétua e outros opúsculos*, p. 165 – grifos constantes do original).

[200] *Teoría de la Constitución*, Madrid: Alianza Editorial, 1996, p. 208. Para Carl Schmitt, Sessiones secretas, acuerdos y deliberaciones secretas de qualesquiera comités, podrán ser tan significativos e importantes como se quiera, pero no tendrán nunca un carácter representativo (*op. cit.*, p. 208). Segundo esse pensamento, o Legislativo, nas votações secretas, como a do art. 55, § 2º, da CF, não estaria exercendo representação.

[201] *Idem*, p. 209.

[202] *Teoria Geral do Estado*, 3. ed., p. 248.

[203] Conforme nota 20.

[204] *A Política*, cap. XVIII.

Estado e da sociedade, não se exigiriam sensatamente fossem publicados. Zippelius lembra poder o princípio da publicidade somente ser descurado por um motivo suficientemente sério, onde a ponderação dos interesses em questão[205] justifique a manutenção do segredo.[206] Entre nós, somente as informações imprescindíveis à segurança da sociedade e do Estado podem ser mantidas em sigilo (CF, art. 5º, XXXIII).[207] Na Constituição Federal, ainda podem ser citadas as seguintes disposições, relativas à publicidade: art. 5º, LX (publicidade de atos processuais); art. 5º, LXXII (*habeas data*); art. 216, § 2º (acesso à documentação governamental); e art. 220, §§ 1º e 6º (liberdade dos meios de comunicação social). De todo o modo, a regra é a publicidade, e a exceção, o segredo.

A publicidade é também unanimemente reconhecida por todos os administrativistas como requisito de eficácia dos atos e contratos administrativos. Hely Lopes Meirelles afirma que a publicação de atos administrativos tornou-se obrigatória desde o Decreto nº 572, de 12.7.1890.[208] Não há uma regra constitucional (mas somente o princípio do art. 37, *caput*) que explicite tal determinação, salvo em constituições estaduais. Assim é, *v. g.*, o que dispõe o art. 112 da Constituição do Estado de São Paulo.[209] Na legislação infraconstitucional, pode ser citado, a título de exemplo, o art. 61, parágrafo único, da Lei nº 8.666/93, que estabelece a publicação dos contratos administrativos como condição para a sua eficácia. De qualquer modo, diante

---

[205] A "ponderação de interesses" ou de "princípios" é questão conexa ao princípio da proporcionalidade e à admissão deste como "mandado de otimização", tal como já mencionados em nota respectiva, relativamente à metódica estruturante, consoante proposta por J. J. GOMES CANOTILHO. A mesma questão, sob o ponto de vista da interpretação constitucional, é tratada como um cânone (ou *topoi*) interpretativo, denominado princípio da concordância prática, por Konrad Hesse (*Elementos de Direito Constitucional da República Federal da Alemanha*, p. 66-67). Sobre o princípio da proporcionalidade, além do já clássico estudo de R. Alexy (*Teoria de los derechos fundamentales*, p. 111 a 115 e *passim*), podem ser também citados, exemplificativamente, os seguintes autores: BONAVIDES, Paulo, *O princípio constitucional da proporcionalidade e a Constituição de 1988*, p. 356 a 397; STUMM, Raquel Denize, *O princípio da proporcionalidade no Direito Constitucional Brasileiro*, p. 76 a 93 e *passim*; MENDES, Gilmar Ferreira *et allii*, *Hermenêutica constitucional e direitos fundamentais*, p. 44-52, 246 a 313; e GUERRA FILHO, Willis Santiago, *Processo constitucional e direitos fundamentais*, p. 55 a 83.

[206] *Op. cit.*, p. 249.

[207] A categoria dos documentos sigilosos foi instituída pelos arts. 22 e 23 da Lei nº 8.159/91, e regulamentada pelo Decreto nº 2.134/97.

[208] *Direito Administrativo Brasileiro*, p. 82.

[209] Art. 112 – As leis e atos administrativos externos deverão ser publicados no órgão oficial do Estado, para que produzam seus efeitos regulares. A publicação dos atos não normativos poderá ser resumida.

da consagração da publicidade como princípio geral da administração, salvo as exceções constitucionais, nada pode ser sonegado à cidadania.

A regra que diz mais de perto com o nosso estudo, ao do art. 37, § 1º, da Constituição de 1988, afigura-se uma concretização limitadora-adequadora do princípio da publicidade. Limitadora não no sentido de proibir ao administrador a publicação de qualquer espécie de publicidade, mas somente aquela que for de caráter educativo, informativo e de orientação social; adequadora no momento que determina à publicidade oficial a obediência também à máxima da impessoalidade. Por outras palavras, poderíamos dizer que os cidadãos brasileiros têm direito a conhecer todos os atos que são praticados pela administração pública, exceto os que dizem respeito à segurança da sociedade e do Estado; os que não forem de caráter educativo, informativo e de orientação social; e os que violarem a máxima da impessoalidade. Voltaremos ao tema, quando da análise do conteúdo da norma ora enfocada.

2.2. Propaganda e publicidade

A *propaganda*, como função ou atividade, não é novidade. O próprio termo tem origem na denominada *Congregatio Propaganda Fidæ*, instituída pela Igreja Romana, em 1622, que se destinou a "propagar" a fé cristã.[210] Fenômeno mais recente é a *publicidade* ligada à produção massificada de bens de consumo, e, portanto, originado nos séculos XIX e XX. Antônio José Sandmann ensina que a palavra *propaganda*, na expressão latina acima transcrita, tem função adjetiva e expressa a idéia de dever, de necessidade: que deve ou precisa ser propagado.[211] Outras línguas, como o Inglês e o Alemão, utilizam *propaganda* para designar a propagação de idéias políticas principalmente. No primeiro idioma referido, inclusive, há conotação negativa, trazendo a idéia de informação imprecisa, com o fim de influenciar a opinião pública.[212] Já o termo *publicidade* é identificado como "propaganda comercial", sendo a atividade de divulgação de bens e servi-

---

[210] SANDMANN, Antônio José, *A linguagem da propaganda*. São Paulo: Ed. Contexto, 1993, p. 9.

[211] *Op. cit.*, p. 9.

[212] Assim também consta do *Collins Cobuind Studens Dictionary: Bridge Bilingual Portuguese*. London: Harper Collins Publishers, 1995, p. 445.

ços destinada ao seu consumo. Para essa finalidade, em Inglês, há a palavra *advertising* e, em Alemão, *reklame*, originado do Francês. *Advertising* significa também a "propaganda de utilidade pública, que objetiva promover comportamentos e ações comunitariamente úteis".[213] *Publicity*, segundo Rafael Sampaio, significa propaganda que visa a divulgar e a promover bens de consumo, através de meios de comunicação de massa, sem o pagamento pelo anunciante.[214] Guy Durandin, psicólogo francês, em obra onde analisa a mentira na publicidade política e comercial, utiliza propaganda somente no primeiro sentido.[215] O que parece haver consenso, na Europa, de modo geral, é que a propaganda tem uma finalidade política de cunho persuasivo, ao passo que *advertising, publicité, reklame* ou *publicidad* não têm a mesmo fim, mas somente de difusão, de produtos ou mesmo de ações governamentais, desde que sem a finalidade de cooptação de adeptos, em sentido ideológico. No Brasil, fora da administração pública, a palavra *publicidade* é utilizada para a venda de produtos ou serviços, e *propaganda*, tanto para a propagação de idéias, como no mesmo sentido de publicidade. Propaganda, portanto, tem um sentido mais amplo.[216] Neusa D. Gomes relata que, especificamente quanto ao aspecto político-eleitoral, foram identificadas quatro tipologias: publicidade eleitoral, publicidade política, propaganda eleitoral e propaganda política.[217] Esta autora situa a diferença entre publicidade e propaganda políticas – objeto do seu estudo – basicamente nos seus objetivos e meios. Publicidade eleitoral ou política destinar-se-ia a levar ao conhecimento do público os políticos ou candidatos, mas não de suas idéias. Os meios desta publicidade seriam *spots* de rádio e televisão e peças gráficas, tais como folhetos, cartazes, *outdoors*, adesivos *etc.* Já a propaganda (política ou eleitoral) destinar-se-ia ao convencimento e à obtenção da adesão de militantes, simpatizantes

---

[213] SAMPAIO, Rafael. *Propaganda de A a Z*: como usar a propaganda para construir marcas e empresas de sucesso, Rio de Janeiro: Campus, 1999, p. 25.

[214] *Op. cit.*, p. 25.

[215] *La mentira en la propaganda política y en la publicidad*, Barcelona: Ediciones Paidós, 1992, *passim*. A propaganda, para esse autor, tem inegável caráter político-ideológico, destinada à persuação e cooptação política. Analisa ele, de modo especial, a propaganda de guerra e a propaganda socialista na extinta URSS.

[216] *Idem*, p. 10. O dicionarista Aurélio Buarque de Holanda consigna entre os sentidos de propaganda, publicidade, ao mesmo tempo que dá para um dos significados de publicidade, propaganda (*Novo Dicionário Aurélio*, 2. ed., p. 1402). Neste último caso, entretanto, a palavra propaganda está identificada com "ação psicológica sobre o público com fins comerciais ou políticos" (*op. cit.*, p. 1414).

[217] *Formas persuasivas de comunicação política*, p. 53.

ou adeptos. Os meios de veiculação seriam reportagens, entrevistas, documentários, editoriais *etc.*, supostamente meios que incitassem a reflexão.[218] A confusão semântica é grande, como reconhece a autora, dificultando inclusive o trato do tema.

Na doutrina publicista brasileira, de regra, são utilizadas indistintamente ambas as palavras, para designar a atividade de tornar pública a atividade administrativa. Enquanto na linguagem corrente *propaganda* apresenta um sentido mais amplo, conforme se registrou acima, a designar qualquer forma de publicidade (não somente a comercial), na linguagem jurídica, especificamente no direito público, *publicidade* parece ter sentido mais amplo. Por assim dizer, qualquer forma de divulgação administrativa é *publicidade*, desde a publicação de atos administrativos na imprensa oficial, como requisito de eficácia, como também as campanhas de educação e esclarecimento em jornais, televisão ou outros meios de comunicação. Na administração, *publicidade* é gênero de que *propaganda* é espécie. É o que registra José Cretella Júnior, nos seus *Comentários à Constituição de 1988* (p. 2251). Alguns autores não fazem diferenciação entre os vocábulos;[219] outros – provavelmente por influência da literatura européia – identificam *propaganda* como publicidade de cunho ideológico ou pessoal, na forma vedada constitucionalmente.[220] Diante da confusão vernacular, a opção, seja na doutrina como na jurisprudência, para designar a divulgação das atividades administrativas, através de veiculação por meios de comunicação, quando atentar a norma da impessoalidade, tem sido *publicidade pessoal* ou *propaganda pessoal*.[221] Como não há no Brasil um

---

[218] *Op. cit.*, p. 53 e 54.

[219] No sentido da identificação entre os vocábulos: M. S. Shirmer & J. P. Gebran Neto (*A publicidade estatal em face da Constituição Federal de 1988*, p. 13), Régis Fernandes de Oliveira (*Moralidade e impessoalidade administrativa*, p. 110 e 111), Wallace Paiva Martins Júnior – que utiliza a expressão "propaganda governamental" (*Publicidade oficial: moralidade e impessoalidade*, p. 82 e 83). Vale lembrar a referência feita por Almiro do Couto e Silva (RDA-FGV, v. 213: I-VII, jul./set., 1999, p. 393), citando o Parecer nº 99/90, do TCE/RS, em que se admite para a publicidade estatal a realização de "propaganda".

[220] Nesse sentido: Judith Martins-Costa, *in* Publicidade e ação administrativa: uma interpretação do art. 37, § 1º, da Constituição Federal, *Revista do MPRS*, nº 26, 1992, p. 13 e 14; e Almiro do Couto e Silva, Serviço de publicidade – promoção pessoal – dispensa de licitação, *RDA-FGV*, v. 213, p. 393.

[221] À guisa de exemplo: Adílson Abreu Dallari (Divulgação das atividades da administração pública, *RDP*, 98: 245-247) e Celso Bastos (Publicidade dos atos estatais – princípios da legalidade, impessoalidade, moralidade e publicidade, *Cadernos de Direito Constitucional e Ciência Política*, nº 10, jan./mar., 1995, p. 97-105). Na jurisprudência, também como exemplo, a AC nº 593074768, relator o Des. Celeste Vicente Rovani, *RJTJRGS*, 162: 325-330.

uso corrente da palavra *propaganda* para designar a publicidade de cunho político-ideológico, com a pureza semântica que se vê, por exemplo, na Inglaterra, o equívoco não é uma impossibilidade. Assim, parece mais indicado sempre adjetivar (com o vocábulo pessoal) o substantivo (publicidade ou propaganda) a fim de indicar a veiculação ilícita das realizações administrativas. Da mesma forma, se formos entender propaganda, no sentido que dá a linguagem publicitária, que tem carga eminentemente persuasiva, em vez de informativa, veremos que não se veda à administração o seu uso. Poder-se-ia citar, como exemplo, a publicidade governamental que tenta convencer as pessoas a usar preservativos, para evitar a proliferação de doenças sexualmente transmissíveis, a dirigir de forma menos violenta, ou ainda, a reciclar o lixo doméstico. A nossa *propaganda* é a *advertising* da Língua Inglesa. Nesse tipo de publicidade, os mecanismos persuasivos da propaganda são utilizados em larga escala, mas, quando pública, se os seus fins forem educativos e formativos, a publicidade não é ilícita. Mesmo Guy Durandin, que é francês, vê na "propaganda" (ou seja, na publicidade político-ideológica), escrúpulos diferenciados em países democráticos.[222] Enfim, a administração pode lançar mão de propaganda e de publicidade, dependendo de sua finalidade. Como veremos oportunamente, o que vai qualificar como lícita ou ilícita a publicidade governamental é o seu *telos*, o qual deve ser desvendado por meio de mensagem e conteúdo. Para os fins deste trabalho, utilizaremos *propaganda* quando estivermos diante de publicidade governamental pessoalizada – inconstitucional – e *publicidade*, quando esta não infringir o princípio da impessoalidade.

2.3. O mercado político. Influência e papel da propaganda e da publicidade

O que se pode afirmar como de relativa novidade, em se tratando de propaganda, é a sua caracterização e destinação na modernidade, em especial neste século, por conta do surgimento do que ficou conhecido como "sociedade de massas". Norberto Bobbio, lembrando Max Weber e Joseph Schumpeter (como os primeiros a tratar do tema), esclarece que:

---

[222] *La mentira en la propaganda política y en la publicidad*, p. 14.

O líder político pode ser comparado a um empresário cujo rendimento é o poder, cujo poder se mede por votos, cujos votos dependem de sua capacidade de satisfazer os eleitores e cuja capacidade de responder às solicitações dos eleitores depende dos recursos públicos de que pode dispor.[223]

Dessa forma, o político moderno que se elege é aquele que busca satisfazer as necessidades dos eleitores. A relação que se dá entre eles é em tudo similar à relação fornecedor-consumidor. Tanto mais poder ele terá na medida em que puder satisfazer tais necessidades e, com isso, angariar votos nos sufrágios.

O "mercado político" fez assumir elevada importância, nas campanhas eleitorais, de uma espécie de publicitário, encarregado de "vender" o candidato à opinião pública. Esta tendência foi mais presente nos regimes democráticos do segundo pós-guerra, em especial na década de 60, com a ampliação da cobertura televisiva. Em nosso país, o fenômeno é mais recente, vinculado ao fim da censura aos meios de comunicação promovida pelo regime militar, instaurado após 1964. Tal publicitário, entre nós, tem sido recentemente denominado de "marqueteiro político" (neologismo derivado de *marketing*), e o serviço que presta, de *marketing* político.[224] Via de regra, trata-se dos mesmos publicitários que realizam a propaganda comercial, os quais acabam por aplicar as mesmas técnicas persuasivas desta, a fim de cooptar votos para os políticos e candidatos a quem prestam serviços.[225]

A constatação de que o *marketing* político influencia decisivamente nos processos eleitorais tem estimulado novas interpretações acerca do comportamento eleitoral e do próprio papel da mídia. Mesmo nos países de maior tradição democrática, ao contrário do que seria de supor, as escolhas feitas pelos eleitores têm-se pautado em grande parte por fatores não-racionais, ou, ao menos, não com a racionalidade

---

[223] *O futuro da democracia*, p. 123.

[224] Segundo Rubens Figueiredo, *marketing* político "é um conjunto de técnicas e procedimentos cujo objetivo é avaliar, através de pesquisas qualitativas e quantitativas, os humores do eleitorado para, a partir daí, encontrar o melhor caminho para que o candidato atinja a maior votação possível". (O *marketing* político: entre a ciência e a falta de razão, *in Marketing político e persuação eleitoral*, São Paulo: Fundação Konrad Adenauer, 2000, p. 14).

[225] Prossegue Rubens Figueiredo: "A seqüência é a seguinte: análise do clima de opinião, do quadro político e dos adversários; planejamento e realização das pesquisas; análise das pesquisas e elaboração da estratégia, com a definição dos melhores meios de comunicação para se atingir os fins desejáveis; e novas pesquisas para aferir a eficácia do caminho escolhido e, se necessário, corrigir os rumos anteriormente traçados" (*op. cit.*, p. 14 e 15). O mesmo autor fala até mesmo em um "marketismo", o qual se caracterizaria por uma simbiose entre o profissional de *marketing* e o candidato, como se esse tivesse, no esquema político, igual importância daquele que, ao final, vai exercer o poder (idem, p. 36).

que pressupostamente caracterizou a modernidade. Muitos autores têm constatado que a tendência do voto baseado na plataforma ou ideologia política dos partidos ou candidatos é decrescente.

É certo que tal característica, de se votar nos nomes, e não nos partidos, é própria de sociedades altamente pessoalizadas, hierarquizadas e de pouca tradição democrática, mas o que os estudos vêm demonstrando é que há uma tendência nesse sentido mesmo nos países desenvolvidos. O "novo" eleitor tem uma afinidade com o político, construída em bases emocionais e afetivas, que o leva a estabelecer relações de admiração, confiança e lealdade, independente de programas partidários.[226]

Flávio Eduardo Silveira, que, além de pesquisador, também trabalha com *marketing* político, defende que a atual personalização do voto não configura um retorno à liderança ou dominação carismática, tal como descrita por Max Weber,[227] mas engendra uma escolha simbólica de novo tipo. Tem produzido grande influência, em todos quantos se debruçam sobre o tema, a obra de Roger-Gèrard Schwartzenberg, denominada *O Estado Espetáculo*, cujo tema é a transformação da vida política num espetáculo em que o grande político se exibe e tem necessidade de se exibir, como um ator. Norberto Bobbio concorda com Schwartzenberg, embora ressalve que o fenômeno não é novo, ao contrário do que este afirmaria.[228]

Com efeito, Roger Gerard Schwartzenberg, ao contrário do que aponta o eminentíssimo jusfilósofo italiano, não descreve o fenômeno do político-ator como algo novo. Em seu conhecido *best seller*, que deve freqüentar "dez entre dez" estantes de "marqueteiros" políticos, Schwartzenberg colaciona vários exemplos históricos "antigos", como os Césares romanos e Napoleão.[229] Ao contrário do que alude Flávio Figueiredo, o autor francês lembra expressamente que o político que

---

[226] SILVEIRA, Flávio Eduardo, *A dimensão simbólica da escolha eleitoral, Marketing* político e persuasão eleitoral, São Paulo: Konrad Adenauer, p. 115 a 146. As novas escolhas são provenientes, segundo o autor, da explosão da nova mídia eletrônica, que conduziu à desestruturação das lealdades anteriormente existentes (carisma) e ao crescimento da volatilidade eleitoral (*op. cit.*, p. 125).

[227] *Economia y Sociedad*, Buenos Aires: Fondo de Cultura Econômica, p. 706 a 716.

[228] *O futuro da democracia*, p. 95, nota 25. Neusa D. Gomes também alude à antiguidade do fenômeno (*op. cit.*, p. 42).

[229] O autor cita Luís XIV, a quem atribui a frase: *"Os povos gostam do espetáculo: através dele, dominamos seu espírito e seu coração"* (*op. cit.*, p. 245). Da mesma forma, vem de Roma a afirmação de que o povo gosta (ou precisa) de "pão e circo".

procura identificação simbólica com o mito do herói[230] busca, de algum modo, autoridade na legitimidade carismática, tal como descrito por Weber.[231] O que ressalta Figueiredo, a nosso ver com acerto, é que a vinculação carismática de outros tempos era mais profunda que a hodierna, que se dá em bases muito mais emocionais e voláteis; mais superficiais, portanto. A questão do político-ator, logo, ao que parece, não está ligada à busca da autoridade na legitimação carismática ou tradicional, mas ao fenômeno dos *mass media*, que transformou o exercício do poder em um imenso palco, que vai ser utilizado de acordo com a competência e a vontade do ator.

O que existe de novo, portanto, é a publicidade e os novos meios de comunicação de massa, e não o poder.[232] Sal Randazzo, um autor ligado à área da publicidade, escreveu um influente ensaio, onde analisa a dimensão mítica e simbólica sobre a qual se baseiam as marcas comerciais.[233] Embora a obra se dedique precipuamente à publicidade comercial, Randazzo não se olvida de lembrar episódios antigos e recentes da política americana, em que a mitologia influenciou de modo evidente. Fundado em sólida base de psicologia analítica (junguiana), Randazzo lembra, principalmente, a importância do mito do herói[234] para o sucesso de uma campanha presidencial. O autor mencionado lembra um folclorista americano que, em reportagem do *New York Times*, de 10 de novembro de 1992, disse que "Há um aspecto inconsciente na política, que nos impele a procurar um herói que acabe sendo uma figura paterna para a nação".[235] Se é possível uma tal

---

[230] *Cf.* nota 39.

[231] *O Estado Espetáculo*, trad Heloysa de Lima Dantas, Rio de Janeiro: Difel, 1978, p. 12 a 14.

[232] Schwartzenberg lembra o célebre episódio do debate televisivo entre Kennedy e Nixon, em que o primeiro aparece bronzeado e "perfeitamente vestido", segundo as exigências estéticas do meio de comunicação, e o segundo, "pálido, abatido e convalescendo de uma doença". O resultado todos conhecem: JFK venceu Nixon com uma pequena margem de 113.238 votos em um total de 68 milhões de votos (*Op. cit.*, p. 183 a 188).

[233] A criação de mitos na publicidade: como publicitários usam o poder o mito e do simbolismo para criar marcas de sucesso, Rio de Janeiro: Rocco, 1997, p. 23 e ss.

[234] A conceituação e demais lineamentos do mito em questão obviamente refoge aos lindes do presente trabalho. A título de ilustração, apenas cabe referir que os personagens clássicos como Ulisses (da Odisséia) evocam esse arquétipo, que faz parte do inconsciente coletivo (também uma noção de psicologia analítica). Esse mito, por exemplo, é o invocado nos filmes de aventuras, onde o protagonista normalmente encarna atitudes ou características heróicas.

[235] *Op. cit.*, p. 239. R. G. Schwartzemberg, ao contrário de S. Randazzo, a nosso ver com mais propriedade, distingue os símbolos do herói e do pai (*O Estado Espetáculo*, p. 11 a 42 e 83 a 92), ressaltando que o mesmo político (exemplifica com De Gaulle) pode representar ambos os papéis.

constatação na nação tida por uma das mais individualistas e modernas da atualidade, o que se pode esperar de uma sociedade como a nossa? Flávio E. Silveira lembra como alguns candidatos, no Brasil, souberam transformar em símbolos certos sentimentos latentes na população.

Um exemplo é o sentimento de repúdio à corrupção, ao favoritismo e à acumulação de cargos e remunerações, que foram transformados em símbolos, tais como "vassoura" e "caçador de marajás", respectivamente por Jânio Quadros e Fernando Collor de Mello. Especificamente sobre este último, a imprensa, de modo geral, supostamente "livre" e "isenta", realizou o papel de criação simbólica, como demonstrou o jornalista Mário Sérgio Conti.[236] Fernando Collor de Mello era constantemente "surpreendido" praticando esportes, quando não pilotando potentes motocicletas, carros velozes ou *jet-skis*, além de aviões da Aeronáutica, em um eficiente trabalho de construção de imagem baseada no mito do herói.

O mencionado presidente, sabidamente apeado do poder por meio de processo por crime de responsabilidade, após clamor popular, chegou a ser comparado a um conhecido herói do cinema americano, conhecido como *Indiana Jones,* pelo presidente americano George Bush. Além de valer-se do mito do herói, Fernando Collor de Mello procurava encarnar também as características do líder "charmoso", tal qual o definiu R. G. Schwarzemberg,[237] porquanto era mostrado pela imprensa como uma pessoa provinda de "tradicional" família de políticos, supostamente culto e que falava várias línguas.[238]

O fenômeno acima descrito, a traço grosso, característico das sociedades contemporâneas, está a indicar que o assunto que estamos a abordar – controle judicial da publicidade estatal – é algo que não pode ser negligenciado. Se não poderia, em qualquer que fosse a sociedade política que se organizasse sob a forma de Estado Democrático

---

[236] CONTI, Mário Sérgio. *Notícias do Planalto: a imprensa e Fernando Collor*, São Paulo: Cia. das Letras, 1999, p. 13 a 278 e *passim*.

[237] *O Estado Espetáculo*, p. 62 a 82.

[238] Tais características foram ressaltadas notadamente na eleição em que disputou o segundo turno da Presidência da República com Luís Inácio Lula da Silva, um ex-torneiro-mecânico, político oriundo da classe trabalhadora. Luis Inácio Lula da Silva, como é notório, elegeu-se Presidente da República em 2002. Para a campanha eleitoral, foi contratado o "marqueteiro" Duda Mendonça, que praticamente "reconstruiu" a imagem pública do candidato, buscando uma identificação com um padrão de pessoa bem-sucedida. Na cobertura pela imprensa, mereceram destaque os ternos italianos que o candidato vestia e um episódio em especial: o presente que fez ao publicitário, um caríssimo vinho francês, somente degustado por pessoas de elevadíssimo padrão aquisitivo.

de Direito, quanto mais na nossa, em que a tradição patrimonialista condiciona as ações do Estado desde sempre.

Não bastasse a nossa baixa taxa de "republicanismo", não pode ser olvidado que a tendência desses tempos de "neoliberalismo", estado-mínimo e *lex mercatoria* é o incremento da privatização do público e a diminuição da importância da Constituição como norma central do sistema jurídico.[239] Com isso, acentua-se a necessidade de revisitar a Lei Fundamental como *topos* ético e, como anotou José Luiz Bolzan de Morais, de buscar retomar o seu prestígio teórico, de modo a recuperar um certo padrão objetivo do justo, legado pela modernidade.[240]

---

[239] José Luis Bolzan de Morais, em lúcida expressão, sintetiza esse último fenômeno como *pluralismo jurídico desconstitucionalizante* (Constituição ou barbárie: perspectivas constitucionais. In: SARLET, Ingo Wolfgang (Coord.), *A Constituição Concretizada: construindo pontes com o público e o privado*, Porto Alegre: Livraria do Advogado, 2000, p. 23.
[240] BOLZAN DE MORAIS, José Luis, *op. cit.*, p. 24.

3. Da regra do art. 37, § 1º, da Constituição Federal: sua interpretação e aplicação em um sistema constitucional aberto de princípios e regras

> *[...] o Direito Constitucional deve preservar, modestamente, a consciência de seus limites. Até porque a força normativa da Constituição é apenas uma das forças de cuja atuação resulta a realidade do Estado.*
>
> Konrad Hesse [241]

3.1. Breves considerações sobre o direito e a Constituição como um sistema de princípios e regras. Os princípios da proporcionalidade e da concordância prática

Antes de se passar à análise do § 1º do art. 37 da Constituição Federal, já tendo fixado o conteúdo valorativo dos princípios da impessoalidade e da publicidade, bem como antecipado a condição da pré-citada regra como concretização-adequação de ambos, é necessário explicitar, ainda que de modo rápido, o que o presente estudo vem considerar como direito e "sistema jurídico". Tal questão é primordial para a proposta de soluções e da discussão que se vai desenvolver a partir daqui. Não que uma tal (pré)compreensão não seja necessária para tudo o que se discorreu, mas porque se deixa o conteúdo mais axiológico e, portanto, mais abstrato, para se pretender a aplicação a casos concretos. Assim como direito é direito concretizado,[242] neces-

---
[241] *A força normativa da Constituição*, p. 26.
[242] HESSE, Konrad. *Elementos*, p. 61.

sário é explicitar melhor a concepção de direito que vem orientando o trabalho.

O presente estudo, além da "metódica estruturante", tal qual já aludida anteriormente,[243] adota como idéia de direito e de Constituição a visão sistemática, tal qual também descrita por Gomes Canotilho. Esta visão, por sua vez, encontra guarida nas lições de Konrad Hesse e Claus Wilhelm Canaris. Uma tal perspectiva também é acompanhada, com algumas poucas ressalvas, por Robert Alexy, com as quais concordamos. Entre nós, podemos citar, exemplificativamente, que tal posição é adotada por Eros Roberto Grau e Juarez Freitas.

Posto isso, convém fixar, desde logo, que tal sistema não é do tipo, axiomático-dedutivo, fechado, mas um sistema *aberto* de princípios e regras, que não colide propriamente com a tópica, mas com ela se complementa mutuamente,[244] de sorte que se pode falar – com ressalvas – em um sistema jurídico tópico-sistemático. Ressalvam-se, nesse sentido, as observações de K. Hesse, de que o intérprete, quando se lança à tarefa de interpretação, não é "livre" para escolher os *topoi*, mas está limitado àqueles dados pela Constituição.[245]

Para uma tal visão de sistema aberto, tanto princípios quanto regras são *normas*, ou seja, dotados de caráter prescritivo.[246] A idéia de *princípio*, como força ordenadora do direito, de função normogenética, não é nova. A novidade, a partir de Crisafulli,[247] é a "descoberta" deste como dotado de normatividade, ou seja, aplicabilidade aos casos concretos, não só em caso de lacunas,[248] mas, ao mesmo tempo, ou conjuntamente com as regras.

---

[243] Conforme nota 35.

[244] CANARIS, Claus Wilhelm. *Pensamento sistemático e conceito de sistema na Ciência do Direito*, p. 273-277.

[245] *Elementos*, p. 63-64.

[246] Abordaremos de modo resumido as questões ora propostas, as quais vêm recebendo uma atenção dedicada da doutrina publicista pátria, notadamente, após o ensaio de Eros Roberto Grau, inserido no seu *A ordem Econômica na Constituição de 1988*, que veio a lume, em sua primeira edição, em 1989. Por todos, o capítulo terceiro da já clássica obra de Robert Alexy, *Teoria de los Derechos Fundamentales*, p. 81 a 172. Entre nós, além do seminal estudo de Eros Grau, já mencionado, citamos também da obra de Paulo Bonavides, os capítulos intitulados "Dos princípios gerais de direito aos princípios constitucionais" e o "Princípio constitucional da proporcionalidade e a Constituição de 1988", de leitura obrigatória, bem como as monografias de Raquel Denize Stumm (Princípio da proporcionalidade no Direito Constitucional Brasileiro) e Suzana de Toledo Barros (O princípio da proporcionalidade e o controle de constitucionalidade das leis restritivas de direitos fundamentais).

[247] BONAVIDES, Paulo. *Curso*, p. 230.

[248] Como no caso do art. 4º da Lei de Introdução ao Código Civil.

Diante disso, pode o aplicador do direito negar validade a uma regra, diante da sua desconformidade com o princípio, notadamente se aquela for infraconstitucional e este for albergado na Constituição, *higher law*. O intérprete estaria, nessas circunstâncias, fazendo um controle incidental ou concreto de constitucionalidade. Desse modo, o intérprete do direito, em sua tarefa, "interpreta o sistema inteiro", de sorte que "qualquer exegese comete, direta e obliquamente, uma aplicação da totalidade do direito", como ensina Juarez Freitas. Eros R. Grau, em feliz síntese, menciona, em igual sentido, que "Não se interpreta a Constituição em tiras, aos pedaços".[249] Princípios não são dotados de "suporte fático", mas têm uma dimensão de peso e importância, e podem ser vistos como mandados de otimização. Um *mandado de otimização*, segundo Alexy, criador da figura, é uma prescrição no sentido de que algo deve ser obtido na maior medida possível, dentro das possibilidades fáticas ou jurídicas, ou seja, comporta graus de efetivação.[250]

Princípios jurídicos têm sempre, entre si, uma tensão permanente, que se revela diante de casos concretos. Por outras palavras, com Canaris, poderíamos afirmar que os "princípios ostentam o seu sentido próprio apenas numa combinação de complementação e restrição recíprocas", ou, ainda, que "o entendimento de um princípio é sempre, ao mesmo tempo, de seus limites".[251] Já a outra espécie de normas que compõe o ordenamento jurídico, as *regras*, são normas que se aplicam sob a forma de proposições disjuntivas, ou seja, ou são aplicadas ou não. Diz-se, diante disso, que as regras obedecem a uma "lógica do tudo ou nada".[252] Conflitos entre princípios são resolvidos através de

---

[249] *A Ordem Econômica na Constituição de 1988*, p. 176.

[250] *Teoria de los Derechos Fundamentales*, p. 86-87.

[251] *Pensamento sistemático e conceito de sistema na ciência do Direito*, p. 92-95.

[252] Humberto Bergmann Ávila faz importante (e inquietante) crítica a esses conceitos de princípios e regras, propondo uma redefinição. Mencionar-se-ão apenas algumas de suas objeções. O publicista aponta que nem sempre os princípios são aplicados "na máxima medida", mas na *medida necessária*, dependendo dos demais princípios que são interpretados conjuntamente. Nesse sentido, pode haver até mesmo concorrência nos fins estabelecidos, situação em que a efetivação do princípio será levada somente ao necessário para a realização do fim previsto no outro princípio concorrente. No que se refere às regras, Humberto Ávila argumenta que nem sempre elas se aplicam de uma maneira "tudo ou nada", a exemplo das regras que incorporam conceitos jurídicos indeterminados. O argumento central do autor é aquele segundo o qual essas diferenças que se apontam relativamente aos princípios e às regras somente são apuráveis no caso concreto, após a interpretação levada a efeito pelo aplicador do direito. A única diferença que Humberto Ávila aponta, efetivamente, entre essas espécies de normas é o maior grau de abstração do princípio antes da interpretação. (*A distinção entre princípios e regras e a redefinição do dever de proporcionalidade*, p. 13-16).

ponderação e harmonização, a ser resolvido por meio de valoração ou hierarquização entre eles, atentando-se ao caso concreto. Um dos princípios cede em favor do outro, considerado, na hipótese fática, mais importante.[253] A colisão entre regras – antinomia – é resolvida no âmbito da validade, por meio da introdução positiva no ordenamento de uma cláusula de exceção,[254] ou através das chamados critérios de solução de antinomias.[255]

Intimamente ligados com a idéia do direito como um *sistema aberto de princípios e regras* estão os chamados "princípios" da proporcionalidade[256] e da concordância prática.[257] Por meio deles é que se vai fazer a ponderação ou harmonização entre os princípios que estiverem em colidência ou em mútua restrição.[258] O princípio da proporcionalidade, tal qual vem sendo acolhido entre nós, é resultante de um longo trabalho de construção da doutrina germânica, baseado em decisões do Tribunal Federal Constitucional daquele país. Discute-se na

---

[253] Nesse momento é que tem pertinência a tópica vinculada aos princípios constitucionais, tal qual proposta por Konrad Hesse (*op. cit.*, p. 63-64).

[254] *Teoria de los Derechos Fundamentales*, p. 88. A antinomia seria solucionada, aí, pela regra da especialidade.

[255] Hierárquico, cronológico ou da especialidade.

[256] Alexy menciona que a conexão entre a teoria dos princípios e a máxima da proporcionalidade não pode ser mais estreita (*op. cit.*, p. 111). Alexy lembra que a máxima da proporcionalidade, embora também conhecida como "princípio da proporcionalidade" – como ficou conhecido entre nós –, não se trata, efetivamente, de uma "norma-princípio", tal qual ele conceitua e da forma como foi aqui tratado (*op. cit.*, p. 112, nota 84). Sobre o princípio da proporcionalidade, além da obra de Alexy, entre nós, por todos, Paulo Bonavides, *Curso*, p. 356-397.

[257] O princípio da concordância prática, da mesma forma que o princípio da proporcionalidade, não é uma norma-princípio, mas um "princípio" ou "cânone" de interpretação constitucional, o qual, segundo Friedrich Müller, tem estreita ligação com outro "princípio" de interpretação: o da unidade da constituição (*Métodos de trabalho do Direito Constitucional*, p. 84-87). Acolhendo tal posição, temos Konrad Hesse (*Elementos*, p. 66-67). Fala-se, genericamente, também como técnica de decisão envolvendo princípios constitucionais, em "ponderação de bens", para expressar a mesma idéia.

[258] Apenas para citar um exemplo de decisão judicial, que resultou da aplicação do princípio em questão, o Supremo Tribunal Federal, em julgado relativamente recente (HC nº 71.303, DJ de 22.11.96), foi chamado a decidir acerca da constitucionalidade de uma decisão que obrigava o demandado em uma ação de investigação de paternidade a se submeter a exame de DNA. Questionava-se a ordem determinando a coleta do material "sob vara". Entendeu a Corte, por maioria, que não se poderia ordenar o réu a tanto, porquanto lhe restaria violado o direito fundamental à integridade física, o que não se justificaria ante o outro direito perseguido na ação: o da paternidade. A ordem de submissão ao exame, assim, não seria proporcional, já que o direito processual poderia cometer ônus processuais à parte reticente, até mesmo uma "valoração negativa" de tal recusa. O exemplo é citado por Gilmar Ferreira Mendes, no texto "Os direitos individuais e suas limitações: breves reflexões"; constante da obra coletiva *Hermenêutica Constitucional e Direitos Fundamentais*, p. 300-307. Gilmar Mendes demonstra, através de outros exemplos, que o princípio vem sendo utilizado pelo STF há longo tempo, sem o mencionar expressamente, ou lançando mão da "razoabilidade".

teoria geral do direito a sua natureza jurídica como um "princípio" de interpretação ou como princípio geral de direito.[259] Seu desenvolvimento deu-se, inicialmente no Direito Administrativo, como forma de controle dos atos administrativos punitivos (como princípio da proibição de excesso) e depois espraiou-se para outros ramos do direito, notadamente o Constitucional. É esclarecedora a observação de Jellinek acerca da proporcionalidade como proibição de excesso, para quem "não se abatem pardais com canhões". Destina-se, em linhas gerais, em se obter uma decisão que implique adequação entre o meio empregado e o resultado ou fim obtido. Nesse sentido, a "intervenção" ou "restrição" deverá dar-se de tal modo que seja suficiente para o fim que se pretenda. Na metódica da colisão de princípios, a "ponderação de bens" jurídicos em cotejo deve ser realizada a fim de que um dos princípios ceda em face do outro, julgado mais importante, face à principiologia constitucional, de modo que resultem todos preservados. Como resultado de tal desenvolvimento, tem-se entendido que o dever de proporcionalidade implica o atendimento de outros três subprincípios, elementos ou conteúdos parciais: a *adequação* (ou pertinência), a *necessidade* e a *proporcionalidade propriamente dita*. Desse modo, a restrição do princípio que vai ceder em favor do outro é *adequada*, quando for apta para o fim pretendido. Deve ser a restrição, logo, o meio *certo* para levar a cabo o fim proposto. A restrição do princípio será *necessária* quando não houver outro meio menos restritivo – "mais suave" – para a obtenção do resultado pretendido. A medida será *proporcional*, finalmente, quando o aplicador do direito, analisando todos os interesses e princípios em cotejo, ponderá-los de modo a aquilatar qual deles, à luz do direito,[260] merece a restrição, de modo que não resulte ele anulado, em seu "núcleo essencial". O que se pretende é a máxima otimização de todos eles no caso concreto. A constituição é que deverá, nesse caso, fornecer qual o fim almejado. É nesse último passo é que, enfim, se dará a ponderação entre os princípios em colisão. O princípio da concordância prática, como cânone interpretativo das normas constitucionais, corresponde à proporcionalidade propriamente dita.

---

[259] Vale lembrar que a Constituição da República Portuguesa expressamente consigna nos arts. 18°, n°s 1 e 2, e 19°, n° 4.

[260] Para Alexy, que conceitua princípio como um mandado de otimização no sentido de obtenção de um fim, na máxima medida das possibilidades fáticas e jurídicas, a adequação e a necessidade dizem respeito às possibilidades fáticas, já a proporcionalidade refere-se às possibilidades jurídicas.

No direito de matriz anglo-saxônica, desenvolveu-se, a partir da garantia do *due process of law*, em sua dimensão material, o chamado princípio da razoabilidade, que tem, segundo alguns, o mesmo conteúdo e função que o princípio da proporcionalidade no direito europeu continental. Enquanto este nasceu no Direito Administrativo, como forma de controle da intervenção na esfera individual e do exercício do poder de polícia, deduzido, pelo Tribunal Constitucional Federal Alemão a partir do princípio do Estado de direito, aquele se desenvolveu em torno do controle da atividade legislativa,[261] a partir da garantia do devido processo legal, em sua dimensão material. Entre nós, vê-se, na jurisprudência do Supremo Tribunal Federal, hoje, tanto a alusão à proporcionalidade como à razoabilidade.[262]

Levou-se a cabo um tal desenvolvimento de modo a conceber suficientemente a seguinte assertiva: a interpretação de qualquer regra, constitucional ou infraconstitucional, deverá tomar em conta toda a normatividade constitucional, a partir dos princípios maiores, reitores do sistema, e o resultado obtido deverá atender à máxima efetividade de todos eles, no caso concreto. Como estamos a tratar da interpretação de uma norma que concretiza os princípios da publicidade e da impessoalidade, em um primeiro momento, e dos princípios do Estado de Direito, democrático, e da legalidade, em um segundo, o intérprete deverá proceder de modo a que todos sejam atendidos.

3.2. Estrutura e conteúdo da regra do art. 37, § 1º, da CF

3.2.1. Generalidades

Diante do que foi examinado anteriormente, cumpre agora examinar a regra do art. 37, § 1º, da CF, que assim preceitua:

---

[261] Nesse sentido, Luís Roberto Barroso, in *Interpretação e Aplicação da Constituição*, p. 198-219, que prega a identidade entre os princípios da proporcionalidade e razoabilidade.
[262] Humberto Bergmann Ávila também critica a identificação entre os princípios da proporcionalidade e da razoabilidade. Afirma o autor que a proporcionalidade é um juízo abstrato, em que se tomam dois princípios de modo a verificar se a restrição imposta por um é adequada, necessária ou implica a não-realização do fim proposto pelo princípio restringido. Pressupõe uma relação meio-fim. Já o princípio da razoabilidade considera não uma relação meio e fim, abstratamente tomada, mas as condições pessoais do titular do direito envolvido. Desse modo, verifica-se se uma determinada medida implica a não-realização do bem jurídico previsto para aquele sujeito (*op. cit.*, p. 29).

§ 1º. A publicidade dos atos, programas, obras, serviços e campanhas dos órgãos públicos deverá ter caráter educativo, informativo e de orientação social, dela não podendo constar nomes, símbolos ou imagens que caracterizem promoção pessoal de autoridades ou servidores públicos.

Como já se mencionou, a norma acima é uma regra, produto da densificação de dois princípios constitucionais, o da publicidade e da impessoalidade, buscando, através desse processo de concretização, a determinabilidade e a concretude necessárias para potenciar e facilitar a aplicação ao caso concreto.[263] A regra procura compatibilizar o dever de omissão do Estado, que se consubstancia na impessoalidade,[264] e no dever ativo ou positivo de informar ao cidadão, com a máxima transparência, as atividades administrativas.[265] Há, desse modo, na mesma regra, uma prescrição negativa e uma positiva, dois princípios constitucionais em potencial conflito. O administrador deve encontrar, destarte, através da ponderação – via máxima da proporcionalidade – a justa medida do seu agir, de modo que ambos sejam atendidos. Não se olvide que os princípios superiores e estruturantes do sistema devem ser tomados em conta sempre, haja vista que "não se interpreta a constituição em tiras".

Além da interpretação principiológica, que é da natureza da hermenêutica constitucional, a densificação levada a efeito pela regra do art. 37, § 1º fez o legislador constitucional optar – e não poderia ser diferente – pela adoção de conceitos jurídicos indeterminados,[266] tais

---

[263] J. J. GOMES CANOTILHO, *Direito Constitucional e Teoria da Constituição*, p. 1034. COELHO, Inocêncio Mártires. Elementos de teoria da Constituição e de Interpretação constitucional, in *Hermenêutica Constitucional e direitos fundamentais*, p. 51 e 52.

[264] Neste caso, de não proceder à propaganda de agentes ou autoridades administrativas.

[265] O princípio da legalidade – do qual decorre a impessoalidade – tem natureza de garantia do direito fundamental de liberdade, direito de defesa, de 1ª dimensão (art. 5º, II). Corresponde, destarte, a um não-agir estatal. Essa é uma garantia que, por sua vez, é assegurada, entre outras, ao menos no que pertine ao abjeto do presente estudo, por uma garantia-remédio: a ação popular (art. 5º, inciso LXXIII). Por outro lado, do princípio democrático decorre o princípio da publicidade, que, malgrado a sua natureza "defensiva", necessita, para seu atendimento, de uma prestação estatal, qual seja a de ser transparente, público. Para esse "direito à transparência", também há garantias-remédio previstas no catálogo de direitos e garantias fundamentais, no art. 5º, incisos XXXIII e XXXIV.

[266] Deve-se à doutrina alemã a construção da categoria dos conceitos jurídicos indeterminados. Karl Engish ensina que o c.j.i. é aquele "cujo conteúdo e extensão são em larga medida incertos". Citando Philipp Heck, o mesmo autor afirma que nos c.j.i. podem ser distinguidos "um núcleo conceitual e um halo conceitual"; de modo que sempre que se tenha "uma noção clara do conteúdo e extensão dum conceito", está-se diante do núcleo conceitual, ao passo que "Onde as dúvidas começam, começa o halo do conceito" (*Introdução ao pensamento jurídico*, 7. ed., trad J. Baptista Machado, Lisboa: Calouste Gulbenkian, 1996, p. 208-209, grifos constantes do original). Eduardo García de Enterría & Tomás-Ramón Fernandez mencionam que, referente-

como "caráter educativo, informativo e de orientação social", "nomes, símbolos ou imagens" e "promoção pessoal".[267] Na interpretação desses conceitos jurídicos abertos, o aplicador do direito deverá, necessariamente, buscar um conteúdo que também leve em conta os valores expressos na Constituição. A tarefa hermenêutica do aplicador do direito será estabelecer o conteúdo desses conceitos abertos, à luz dos princípios constitucionais, e ponderar os princípios da publicidade, de natureza positiva, e da impessoalidade, de natureza negativa, a fim de que o destinatário seja destinatário de uma publicidade que, *em um primeiro momento*, vise à sua educação, informação ou orientação, e *em um segundo*, que essa informação não constitua promoção do agente público, na justa medida.

---

mente à realidade, os conceitos utilizados pelas leis podem ser determinados ou indeterminados. Os determinados são aqueles que "delimitam o âmbito da realidade ao qual se referem de uma maneira precisa e inequívoca": a maioridade aos dezoito anos; o prazo de quinze dias para o recurso; a idade de setenta anos para aposentadoria. Ao contrário, quando se vale da técnica do c.j.i., a lei "refere uma esfera da realidade cujos limites não aparecem bem precisados em seu enunciado, não obstante o qual é claro que tenta delimitar uma hipótese concreta": aposentadoria do servidor em caso de invalidez; quando atentar contra a boa-fé; ou por falta de probidade. A realidade, nestes casos, não permite uma quantificação ou determinação rigorosa, mas, não obstante a indeterminação legal, determina-se no momento da aplicação. Assim, exsurge a sua diferenciação da discricionariedade administrativa. Enquanto esta possibilita ao administrador mais de uma escolha correta, o c.j.i. não admite mais que uma solução: "ou se dá ou não se dá o conceito; ou há boa-fé ou não há; ou o preço é justo ou não é; ou faltou-se à probidade ou não se faltou. *Tertium non datur*". Fica claro que a técnica do c.j.i. implica a redução do chamado poder discricionário, embora se reconheça que entre o "núcleo do conceito" e o 'halo do conceito" há uma "zona de incerteza" de identificação nem sempre fácil. Com base nisso, reconheceu-se, mesmo na jurisprudência e na doutrina alemã, uma "margem de apreciação", a qual, segundo os autores espanhóis citados, equivaleria a reconstrução da "velha defesa da discricionariedade, embora já sob outra vestes mais modestas". García de Enterría & Fernández mencionam também que a tendência caminha no sentido da ampliação da aplicação do c.j.i., com a conseqüente diminuição da potestade discricionária e ampliação do controle jurisdicional da atividade administrativa. (*Curso de Direito Administrativo*, p. 392-399). Hartmut Maurer, em conferências que ministrou em março e abril de 2000, em Porto Alegre (as quais, reunidas, deram origem à obra *Elementos de Direito Administrativo Alemão*, trad Luis Afonso Heck, Porto Alegre: Fabris, 2001), leciona que tem-se admitido, na jurisprudência alemã, o chamado "espaço de apreciação", nos moldes antes mencionados, sobretudo em decisões relativas a exames de avaliação escolar ou concursos públicos; avaliação de mérito de servidores administrativos; comissões de avaliação de caráter artístico, pedagógico, científico, *etc.*; ou ainda, em decisões relativas a valorações de risco no direito econômico e ambiental, as quais demandam "juízos de probabilidade que, de fatos atuais e princípios fundados na experiência geral, tiram conclusões para o futuro". Quanto a esse último caso, H. Maurer vê com reservas, sobretudo pela razão segundo a qual tal valoração, em questões de direito econômico e ambiental, pode recair sobre direitos fundamentais, os quais, em rigorosa ponderação, não poderiam ser preteridos. Desse modo, ficaria prejudicada a proteção jurídica ampla e concreta assegurada pela Lei Fundamental alemã aos direitos fundamentais, no art. 19, IV (op. cit., p. 54 a 62).

[267] Nesse sentido, Almiro do Couto e Silva, *Serviço de Publicidade – Promoção pessoal – Dispensa de Licitação*, RDA-FGV, 213: I-VII, p. 389-390.

Sabe-se que a origem constituinte do dispositivo foi coibir o mau uso da publicidade institucional,[268] que vem no bojo de toda a nossa falta de espírito republicano.[269]

Procuremos, analiticamente, deitar os olhos sobre os elementos normativos.[270]

3.2.2. A publicidade de atos, programas, obras, serviços e campanhas dos órgãos públicos

Inicialmente, é mister salientar que a norma se aplica a qualquer espécie de divulgação de atividades administrativas, obrigatórias – quando necessária para a eficácia do ato – ou facultativas.

Qualquer que seja o ato governamental, submetido à publicização, fica sujeito ao mandamento da impessoalidade. Não há como imaginar atividade estatal que não seja inserida em algum dos vocábulos utilizados pela norma em questão. Cretella Júnior, em esforço analítico, oferece conceituações do que se poderia entender relativamente a atos, programas, obras, serviços e campanhas.[271]

É certo, entretanto, que não se pode divisar qualquer espécie de atividade administrativa, cuja divulgação seja obrigatória, necessária ou oportuna, a qual não se sujeite ao imperativo de impessoalidade. A enumeração, cujo sentido parece ser o exemplificativo, procura abarcar toda a espécie de ato passível de divulgação.

Da mesma forma, a alusão a "órgãos públicos", seja pela própria locução, seja pela abrangência do *caput* do art. 37, permite concluir

---

[268] Assim manifestou-se o Deputado Airton Cordeiro, autor da emenda que deu origem ao dispositivo em foco, no plenário da Constituinte: "É justo e necessário que os órgãos públicos, em qualquer âmbito ou nível, tenham seus programas e estruturas de divulgação, não só para orientação e a educação informal das comunidades, como para dar permanente ciência da correta aplicação dos recursos públicos, além da prestação de contas obrigada por lei. Entretanto, valendo-se de inúmeros subterfúgios, muitos governantes têm utilizado recursos orçamentários desmesurados para verdadeiros programas de culto à personalidade, que dão origem inclusive aos desvios de recursos e à corrupção" (Plenário da Constituinte, 13.1.88, *apud* SHIRMER, Mário Sérgio de A. & GEBRAN NETO, João Pedro. *A publicidade estatal em face da Constituição Federal de 1988*, Paraná Judiciário, v. 1, 1992, p. 14).

[269] No mesmo sentido a observação de Marilena Chauí, constante da nota 10, bem como as lições de Faoro e DaMatta, constantes do Capítulo 3. Fala-se, nesse mesmo contexto, que vivemos uma modernidade "tardia" ou "periférica".

[270] Importante mencionar que não foi objeto desse estudo analisar os instrumentos ou garantias de efetivação da impessoalidade, ou seja, não se perquiriu do enquadramento das violações da norma constitucional nas Leis da Ação Popular e da Improbidade Administrativa (Leis 6.717/65 e 8.429/92).

[271] *Comentários à Constituição Brasileira de 1988*, p. 2251 e 2252.

que a totalidade da administração direta e indireta, em qualquer esfera federativa, está abarcada pelo dispositivo, independentemente de norma local.

Além das entidades que fazem parte da administração direta e indireta, há que se cogitar da aplicação da impessoalidade em outras entidades, as quais, embora não sejam administradas pelo Poder Público, são por ele mantidas, subvencionadas ou auxiliadas. Embora a regra do § 1º do art. 37 tenha se referido somente "à publicidade dos órgãos públicos", a correta interpretação de todo o programa normativo principial nos leva mais longe.

Como já foi abordado, a administração – pública ou privada – é a atividade do que não é proprietário. Em sendo assim, trata-se de função que é exercida com base em um programa geral e abstrato, previsto em estatuto. A impessoalidade está ligada à generalidade da norma como forma de garantia da igualdade formal. A dominação legal de que nos falou Max Weber assenta-se na formalidade e na abstração da norma.[272] Logo, se os fins da entidade – mesmo privada – são gerais e abstratos, a atividade que desenvolve não poderá ser dirigida a beneficiar ou a prejudicar pessoas vinculadas aos administradores. O Poder Público não mantém, subvenciona ou auxilia entidades privadas que não atendam, de algum modo, a uma finalidade dirigida ao bem comum. Se o fizer, incorre o agente responsável em atentado contra os princípios da administração.[273] Assim, também as entidades privadas que recebam verbas públicas devem seguir a máxima da impessoalidade.[274] Mesmo que não se vá a tanto, uma perspectiva teleológica nos aponta que não teria qualquer sentido o dinheiro público migrar para uma entidade privada e ser aplicado em finalidades pessoais. Além dessa exegese principiológica, que buscou o princípio da igualdade,

---

[272] *Economía y Sociedad*, trad Jose Medina Echavarría, *et. alii*, 2. ed., Mexico: Fondo de Cultura Económica, 1992, p. 707.

[273] Pode ser citada, a título de exemplo, a doação de verba para uma sociedade privada de fins recreativos, a fim de ser usada pela sua equipe de futebol, julgada atentatória aos princípios da impessoalidade e moralidade (AC nº 594105751, 1ª Câmara Cível do TJRGS, j. em 26.4.95, rel. o Des. Celeste Vicente Rovani).

[274] Embora não seja objeto do nosso estudo, limitado à administração pública, não é demais cogitar da exigência de aplicação da impessoalidade em toda a espécie de entidade – privada – que se enquadre nas hipóteses do art. 16, I, do CCB (sociedades civis, religiosas, pias, morais, científicas ou literárias, de utilidade pública e fundações). Os dirigentes de tais sociedades, cuja legitimidade tem assento em estatuto, norma geral e abstrata, deveriam, da mesma forma que os agentes públicos, visar a fins impessoais. Não é demais lembrar que muitas de tais entidades, em nome da utilidade pública que alegam possuir, auferem vantagens fiscais.

uma análise dogmática que atente apenas os comandos normativos em nível de regras, aponta em igual sentido. A Lei nº 8.429, de 2 de junho de 1992, conhecida como Lei da Improbidade Administrativa, que regulamentou o § 4º do art. 37 da Constituição Federal, estabeleceu várias hipóteses de violação da impessoalidade administrativa, em seus arts. 9º, 10 e 11, as quais se aplicam em caso de publicidade irregular. Este diploma legal, em seu art. 1º, preceituou que as suas disposições se aplicam, além da administração direta e indireta da União, dos Estados, do Distrito Federal e Municípios, *às empresas incorporadas ao patrimônio público ou entidade para cuja criação ou custeio o erário haja concorrido ou concorra com mais de cinqüenta por cento do patrimônio ou da receita anual* (art. 1º), e ainda, *às entidades que recebam subvenção, benefício ou incentivo, fiscal ou creditício, de órgão público bem como aquelas para cuja criação ou custeio o erário haja concorrido ou concorra com menos de cinqüenta por cento do patrimônio ou renda anual* (art. 1º, parágrafo único). Neste último caso, a sanção patrimonial a ser imposta ficará limitada à contribuição pública no patrimônio social. Como se vê, independentemente da participação do dinheiro público, aplicam-se às entidades privadas as sanções da Lei de Improbidade Administrativa. Logo, não é por falta de normatividade que se negará a obrigatoriedade das entidades privadas que recebem recursos públicos de seguir o princípio da impessoalidade. Não é demais recordar que a Lei da Ação Popular prevê a possibilidade de declaração de nulidade de atos lesivos "de quaisquer pessoas jurídicas ou entidades subvencionadas pelos cofres públicos", sem limitação de participação do erário em percentuais mínimos (art. 1º da Lei nº 4.717/65).

3.2.3. Caráter educativo, informativo ou de orientação social, dela não podendo constar nomes, símbolos ou imagens que caracterizem promoção pessoal

Segundo foi observado por Judith Martins-Costa,[275] o art. 37, § 1º, condicionou a publicidade governamental a um duplo requisito de validade. Inicialmente, ela deve ser impessoal, não configurando "promoção pessoal", ou seja, culto ou louvação do administrador (propaganda). Além disso, finalisticamente, deve ela perseguir um desiderato educacional, informativo ou de orientação social, sob pena de desvio

---
[275] *Publicidade e ação administrativa*, p. 15.

de finalidade. Leciona, ainda, a jurista mencionada, que o constituinte, em vez de preferir uma fórmula mais genérica e aberta (logo, mais indeterminada), como faria se preceituasse que a publicidade deve atender ou ter um caráter público, desde logo elencou quais os interesses que, públicos, poderiam ser objeto de publicidade. Assim, não basta a publicidade da administração ser impessoal. Impende também seja ela de caráter educativo, informativo e de orientação social. Segundo esse entendimento, é possível, em tese, imaginar-se uma publicidade que, mesmo sendo impessoal, desatenda o fim educativo, informativo ou socialmente orientador.[276] Essa tese é a adotada pelo Tribunal de Contas do Estado do Rio Grande do Sul.[277]

De forma assemelhada, alguns julgados do TJRGS têm acolhido o argumento segundo o qual a publicidade governamental deve atender dois requisitos a um só tempo: (i) um "finalístico", qual seja o de que deverá possuir um fim educativo, informativo ou de orientação social; (ii) e outro "formal", de modo que não contenha "nomes, símbolos ou imagens que caracterizem promoção pessoal" do agente público.[278]

Essa construção tem inegáveis méritos, no sentido de promover o efetivo cumprimento da regra em comento. Todavia, se for tratada de uma forma dogmática à moda do positivismo legalista, padecerá de alguns problemas. Não buscando o intérprete a hermenêutica adequada, ou deixará a norma de ser aplicada, ou incorrerá em excessos. Ademais, a interpretação pela divisão estanque em duas fases, ou em dois "requisitos" ou "elementos", pode se revelar, na prática, artificial. Em primeiro lugar, é muito difícil que o agente público, quando for lançar mão da divulgação de seus atos da administração, ainda que seja ele objetivamente comedido, buscando fins educativos, informativos ou de orientação, que não logre, de alguma forma, por menor que seja, uma promoção pessoal. Não há como mencionar uma obra sem aludir, ainda que indiretamente, ao seu autor. Tem integral pertinência, no nosso entender, a observação de Almiro do Couto e Silva, segundo a qual

> Quando se elogia a 'Mona Lisa', elogia-se também Leonardo da Vinci. A menção à 'Nona Sinfonia' traz ao espírito, prontamente, o nome de Beethoven. Falar-se em 'Brás Cubas' ou no 'Primo Basílio' é falar-se em Machado de Assis ou em

---

[276] *Op. cit.*, p. 14-16.

[277] O trabalho de Judith Martins-Costa, como deixa claro a autora, baseia-se em parecer coletivo aprovado pelo Pleno do TCERS.

[278] AC 592104502, j. em 1°.9.93, e AC 70000532739, j em 12.4.2000.

Eça de Queirós. Louvar Brasília é louvar, ao mesmo tempo, Juscelino Kubitschek, Lúcio Costa e Oscar Niemeyer.[279]

Não há como fugir, desse modo, ao "aproveitamento político" pelo administrador, da publicidade oficial.[280] Por outro lado, o "benefício" que o administrador poderá auferir da publicidade governamental é somente indireto. O mesmo publicista lembra, citando René Chapus, que

> pode suceder que uma medida tomada em conformidade com a finalidade do poder exercido favoreça interesses privados. Porque eles só são favorecidos indiretamente (mesmo se são plenamente atendidos) é normal e não haverá desvio de finalidade.[281]

Como exemplos desse tipo de publicidade, que não caracteriza pessoalização, no sentido da regra, podem ser citadas as revistas de jurisprudências dos tribunais e os Diários de Justiça, que se destinam a divulgar os seus julgados, sem deixar de publicar, da mesma forma, a composição e as realizações da administração judiciária, tais como a implementação de serviços, inauguração de foros, posse de juízes *etc*. Ninguém poderá negar que existe, nessa espécie de publicação, e outras a ela assemelhadas, um fim público, mesmo na divulgação da nominata administrativa, satisfazendo a exigência de transparência. Esta exigência, como se viu, é imposta pelo princípio da publicidade. Em segundo lugar, dificilmente uma publicidade da administração, em algum grau, por menor que seja, deixará de ter caráter no mínimo informativo, considerando que *informar é levar algo ao conhecimento de alguém*. A análise da jurisprudência, que será levada a efeito *infra*, não nos revelará, quando do seu estudo, um caso sequer em que se tomou em conta a questão da ausência de finalidade educativa, informativa ou de orientação social e que igualmente não tenha feito pro-

---

[279] Serviço de Publicidade – Promoção pessoal – Dispensa de Licitação, RDA-FGV, 213: I-VII, p. 389-390.

[280] Negar-se uma tal realidade é superestimar a capacidade do direito de conformar os fatos e apostar na frustração de todos quantos contam com a sua eficácia. Superestimada e irrealizada, a norma perde a condição de repercutir nos seus destinatários como potencial geradora de "vontade de constituição" (Hesse). Não se nega com isso a natureza prescritiva do direito, mas admite-se a tensão entre os mundos do ser e do dever-ser, ínsita à própria condição de ser-direito. Reconhecer essa limitação da regra da impessoalidade na publicidade governamental implica, a nosso ver, a um só tempo, reconhecer a sua pequenez e sua grandeza, uma tensão que poderá potenciar a sua maior efetivação. Parafraseando Menezes Cordeiro, poder-se-ia dizer: Não se peça, à impessoalidade, o que ela não pode dar. A frase original é: "Não se peça, à Moral, o que ela não pode dar." (*Da boa fé no Direito Civil*, p. 1.174).

[281] *Op. cit.*, RDA-FGV, 213: I-VII, p. 389-390. Trata-se de tradução do original francês feita pelo respeitado professor da UFRGS.

moção pessoal. Por outras palavras, ou os requisitos são encontrados juntos, ou não.

Procurando perseguir a concretização de um fim público para a publicidade governamental, optou o constituinte por enumerar três finalidades. *Educação* significa, segundo Aurélio Buarque de Holanda, o "Processo de desenvolvimento da capacidade física, intelectual, e moral da criança e do ser humano em geral, visando a sua melhor integração geral e social".[282] *Informação*, segundo o mesmo dicionarista, vem a ser um "dado acerca de alguém ou algo", "Comunicação ou notícia trazida ao conhecimento de uma pessoa ou do público".[283] Já *orientação*, ainda pelo mesmo autor, assume um significado conforme a finalidade da atividade, podendo ser educacional, escolar, profissional *etc*. Tem, entretanto, um sentido de "acompanhamento, através de técnicas, recursos e procedimentos", realizado pelo responsável, relativamente ao orientando.[284] Judith Martins-Costa menciona que a *orientação social* é aquela que objetiva a conscientização da população acerca de fatos ou valores relevantes para a comunidade.[285] A *informação* e a *orientação sociais* são etapas da *educação social*, uma atividade mais ampla que deve ser desenvolvida pelo poder público no sentido de propiciar o desenvolvimento integral do homem, visando ao resgate ou à conscientização de sua dignidade enquanto ser humano. Muita tinta poderia ser derramada acerca do que vem a ser educação, sob o ponto de vista pedagógico. Como esta pesquisa não tem a educação por tema, por ora nos interessa apreender – sempre atentado para os princípios reitores do sistema – que tal atividade, a ser ou não desenvolvida pelo Estado, significa tornar a pessoa um ser informado de seus direitos e com capacidade de exercitá-los, ou seja, um ator consciente de seu próprio papel do Estado Democrático de Direito. Por outras palavras, poder-se-ia dizer, em esforço de síntese, que a publicidade com caráter educativo, informativo e de orientação social é a atividade publicitária que visa a dar a conhecer (informação), que procura acompanhar o processo de desenvolvimento do cidadão (orientação) e que tem por objeto o desenvolvimento das pessoas (educação), de modo que possam elas exercer com plenitude os seus direitos fundamentais.

---

[282] *Novo dicionário Aurélio da Língua Portuguesa*, 2. ed., p. 619.
[283] *Op. cit.*, p. 944.
[284] *Op. cit.*, p. 1232.
[285] *Publicidade e ação administrativa*, p. 16.

Ter a Constituição estabelecido um conteúdo para a publicidade estatal já representa, certo modo, uma limitação a ela. Buscou-se já delimitar um conteúdo do "interesse público", conceito jurídico "mais" indeterminado do que a fórmula adotada. Desse modo, a conduta positiva – dever de informar do administrador – recebe um limitador, uma restrição. São os princípios a serem ponderados: de um lado, o princípio da publicidade; de outro, o princípio da impessoalidade, por trás e dando origem à regra positivada na forma de conceito jurídico indeterminado. Nesse primeiro momento, já deverá o aplicador do direito – o administrador ou o juiz no momento do controle jurisdicional – verificar se a publicidade utilizada é meio adequado, necessário e proporcional, para o atingimento dos fins pretendidos. Com isso, já estará o intérprete verificando a pessoalização da publicidade ao examinar os seus fins.[286] Poder-se-ia, exemplificativamente, mencionar que uma campanha excessivamente intensa de rádio, televisão e jornais não seria necessária ou proporcional (ou razoável) a uma prestação de contas de um pequeno município do interior, se a informação fosse somente do interesse daqueles munícipes, que poderiam ser atingidos satisfatoriamente por meios mais restritos e menos dispendiosos.[287]

Além da finalidade delimitada, a regra constitucional estabelece a vedação da pessoalização, desde que ela se constitua em "promoção pessoal". É interessante observar que, certo modo, no sentido da regra, falar em pessoalização é um *minus* relativamente à *promoção pessoal*. A norma constitucional, ao mencionar que a vedação é dada somente para a publicidade "promotora" de pessoalização, exclui aquela que apenas identifica o administrador. Segundo Aurélio Buarque de Holanda, *promoção* significa, dentre outros sentidos, "Propaganda que alguém faz de outrem, ou de si mesmo, de sua obra, de seus possíveis méritos",[288] e *promover* "dar impulso, trabalhar a favor, ser causa, gerar". A "promoção pessoal", portanto, é aquela que faz a publicidade que leva consigo, de modo a ser percebida pelo receptor, uma mensagem segundo a qual alguém da administração está vinculado *merito-*

---

[286] Aqui poder-se-ia falar de aplicação do princípio da finalidade, para aqueles que admitem a sua existência e autonomia relativamente à impessoalidade.

[287] Na apelação cível nº 232.433-1, julgada pelo TJSP, em 22.02.96 (JTJ-LEX 182, 13-16), há a referência de que havia "pouca razoabilidade da propaganda, desvinculada de interesse público imediato" e em época pré-eleitoral, uma vez que ela apenas divulgava um projeto futurista, que estava apenas no papel. Parece-nos que aqui o julgador utilizou-se da proporcionalidade/razoabilidade para reputar a publicidade sem caráter educativo, informativo e orientador.

[288] *Novo Dicionário Aurélio da Língua Portuguesa*, p. 1401.

riamente à realização, na medida em que se tem a "louvação" ou "elogio" pagos pelos cofres públicos. A simples vinculação da realização administrativa a autoridade ou servidor público, por si só, não nos parece irregular.[289] É necessário mais que isso, ou seja, uma verdadeira "propaganda" pessoal da autoridade, ou seja, uma inserção publicitária que vise ao convencimento de que alguém é o melhor administrador, ou o que deve ser votado. Calha lembrar que ao administrado interessa saber quem é o responsável por esta ou aquela realização, já que a necessidade de máxima transparência, como exigência do princípio da publicidade, também recomenda uma tal divulgação. Esta poderá indicar a autoridade que vai ser acionada em ação popular, por exemplo. O que vai definir se a publicidade oficial é pessoal ou não *é o modo segundo o qual se dá a vinculação da atividade administrativa à autoridade*. Assim, constar da publicidade nomes, símbolos e imagens, por si só, não qualifica a publicidade como promoção pessoal. Por outro lado, se a promoção pessoal for levada a efeito por outro meio que não a introdução de nomes, símbolos ou imagens, isso não significará a ausência da pessoalização vedada. Aqui, da mesma forma que o fim educativo, informativo ou orientador, a enumeração dos modos que poderá denunciar a promoção pessoal funciona apenas como uma enumeração exemplificativa.

Como se disse anteriormente, não é possível um perfeito "exame escalonado" ou uma divisão entre um requisito "finalístico-material" e outro "formal" a serem atendidos pela publicidade oficial. Além do que já foi observado *supra* (aproveitamento indireto da autoridade, fim informativo sempre presente), uma publicidade que se revelar pessoalizada necessariamente será não pública – não possuindo caráter educativo, informativo e de orientação social –, já que a idéia de impessoalidade é precisamente o atingimento de um fim público, não pessoal. Esta é a razão segundo a qual nos parece que o julgamento acerca da finalidade da publicidade acaba sempre por considerar, ao mesmo tempo, que aquela visa à promoção pessoal. Não é demais lembrar que estamos a tratar de princípios, os quais, como se sabe, encontram limites em outros princípios. O que se observa, mais uma

---

[289] Nesse sentido, também as são as opiniões de Celso Ribeiro Bastos (Publicidade dos atos estatais – princípios da legalidade, impessoalidade, moralidade e publicidade, *Cadernos de Direito Constitucional e Ciência Política*, 10-98) e Adílson Abreu Dallari (Divulgação das atividades da administração pública – publicidade administrativa e propaganda pessoal, *Cadernos de Direito Municipal*, RDP, 98-247).

vez, é a colisão, no caso concreto a ser analisado, entre os princípios da publicidade e da impessoalidade, a serem resolvidos por meio do princípio da proporcionalidade. O hermeneuta deverá, logo, verificar, no caso em apreciação, se prepondera a finalidade pública (fim educativo, informativo ou orientador) ou a pessoalização. Não há como, nessas circunstâncias, tentar traçar algum juízo apriorístico, já que será determinante analisar as circunstâncias do caso concreto. A vedação à promoção pessoal funcionará como uma restrição ao dever de informar. A *impessoalidade significa fim público*, da mesma forma que o caráter educativo, informativo e socialmente orientador. Deverá o hermeneuta então verificar se o meio publicitário empregado foi adequado, suficiente e proporcional (ou razoável) de modo a atingir a sua finalidade sem promover pessoalmente a autoridade.[290]

O critério que vem sendo utilizado pelo Superior Tribunal de Justiça, quando instado a julgar o tema, é aquele que pode ser denominado como "critério da ênfase". Este critério consiste em se examinar o conteúdo da peça publicitária de modo a verificar *se a ênfase está posta na obra ou serviço, ou na pessoa que os realizou*. Uma vez que desta análise resulte uma conclusão no sentido de que a ênfase tenha sido a pessoa, a publicidade consistirá em autopromoção e terá desbordado dos limites do art. 37, § 1º, da CF.[291] O mencionado critério, a nosso ver, mesmo sem o admitir expressamente, é uma aplicação do princípio da proporcionalidade ou razoabilidade, embora um tanto simplista.

Inserida nessa perspectiva principial, segundo a qual a regra *sub examen* está a um tempo iluminada pelos princípios da impessoalidade e da publicidade e imantada por princípios estruturantes (como o do Estado de direito e o democrático), é que se torna possível questionar uma afirmativa que constantemente é reiterada. Diz-se, correntemente, que a publicação de "prestações de contas em finais de mandato" configura publicidade governamental pessoalizada.[292] Coerentemente com o que foi já afirmado, é possível que uma "prestação de contas",

---

[290] Essa questão parece ter sido notada por Adilson Abreu Dallari, em parecer lançado a pedido do Município de São Sebastião, referiu que "a 'informação' se transformará em 'propaganda pessoal' se houver desbordamento do limite da razoabilidade" (Divulgação das atividades administrativas da Administração Pública – Publicidade Administrativa e propaganda pessoal, p. 247).

[291] Nesse sentido, foi a decisão do Inquérito nº 85-1/BAHIA, publicado no DJU de 30.8.93, p. 17255.

[292] Nesse sentido, manifesta-se, exemplificativamente, Judith Martins-Costa, *Publicidade e ação administrativa*, p. 16.

em final ou não de mandato, configure publicidade pessoal. Todavia, é também possível que uma tal publicação assim não se amolde. Diante da democratização do exercício da administração pública, por meio da institucionalização de "conselhos populares", na forma do art. 27, § 2º, da Constituição do Estado do Rio Grande do Sul,[293] pelo procedimento conhecido por "Orçamento Participativo",[294] ou qualquer outro meio de implementação da chamada "democracia participativa", torna-se necessário, a nosso ver, que sejam demonstradas as obras ou realizações que foram decididas por essas instâncias, onde se dá a participação de representantes da sociedade. Não se pode negar que tais instrumentos de participação popular se constituem em valiosa contribuição para democratização da administração pública, coerente, por certo, com o princípio insculpido no art. 1º e seu parágrafo único, da Constituição da República. Assim, se uma "prestação de contas" é feita com o intuito de levar ao conhecimento de todos quantos participaram, direta ou indiretamente, da decisão que levou a uma obra ou implementação de uma política, não pode ela ser tomada como propaganda pessoal. A necessidade de se produzir a "máxima transparência" obriga ao administrador a generalizar o conhecimento das realizações administrativas a todos que contribuíram com a sua vontade para a conformação das decisões administrativas. É verdade, no entanto, que a tradição brasileira de culto à impessoalidade não é grande, razão pela qual, de regra, a observação da eminente jurista, que também foi Auditora substituta de Conselheiro no Tribunal de Contas do Estado do Rio Grande do Sul, tem inegável pertinência. Assim, embora a reali-

---

[293] "A ação político-administrativa do Estado será acompanhada e avaliada, através de mecanismos estáveis, por Conselhos Populares, na forma da lei." Cabe ainda mencionar a instituição dos chamados Conselhos Regionais de Desenvolvimento – COREDES, no Rio Grande do Sul, pela Lei nº 10.283, de 17 de outubro de 1994. Tais Conselhos são formados por representantes da sociedade civil organizada e dos poderes públicos, tendo, dentre outras, as atribuições de "promover a participação de todos os segmentos da sociedade regional no diagnóstico de suas necessidades e potencialidade, para a formulação e implementação das políticas de desenvolvimento integrado da região"; "manter espaço permanente de participação política"; "constituir em instância de regionalização do orçamento do Estado"; "orientar e acompanhar, de forma permanente, as ações do Governo do Federal e Estadual na região" (arts. 3º, incisos I, III, IV e V, e 5º).

[294] Em linhas gerais, pode-se dizer que o chamado "Orçamento Participativo" consiste em mecanismo de descentralização das decisões relativas aos investimentos públicos. Através de "delegados", eleitos pelos cidadãos, em assembléias, são votadas obras cujas rubricas são incluídas no projeto de lei orçamentária, o qual, posteriormente, é enviado ao Poder Legislativo. O "Orçamento Participativo" é centro de um debate político onde vem sendo implementado, reputado pelos partidos que não o aplicam como instrumento "de manipulação partidária" e de "esvaziamento do Poder Legislativo".

zação de obras seja um "dever do administrador"[295] no caso de a obra ou o serviço terem sido implementado por decisão mais ou menos direta, por via de instrumentos de participação popular, sobreleva um motivo que justifica a publicação da obra executada. É correto afirmar, quando o governo se dá em nível puramente representativo, que a "prestação de contas" tende mais a ser um instrumento eleitoreiro e pura propaganda pessoal com verbas públicas. Da mesma forma, é comum que o instrumento seja utilizado sem a objetividade e a impessoalidade que se exige, mas desborde para o auto-elogio e proselitismo político ou pessoal. Nessas circunstâncias, há colidência com a norma constitucional. Por outro lado, na medida da maior participação popular nas decisões, configurando-se a chamada "democracia participativa", uma prestação de contas pode vir a atender os princípios democráticos e da publicidade.[296] Não se nega, obviamente, que o administrador que está no poder se beneficia com a publicidade, mas este benefício caracteriza-se como indireto. De qualquer maneira, *a forma pela qual vai ser veiculada a publicidade é determinante para demonstrar a pessoalização.* Mesmo essa publicidade não pode desbordar para além de limites que não sejam aqueles que se cingem a demonstrar a realização do que foi decidido pela participação popular ou das conseqüências que o ato obteve.[297]

É preciso ainda lembrar, como refere Adilson Abreu Dallari, que não é "razoável que os assuntos administrativos cheguem ou não cheguem ao conhecimento do povo na dependência do interesse ou da boa

---

[295] Judith Martins-Costa, *op. cit.*, p. 16.

[296] A questão ora abordada não chega a se firmar como uma contradição ao afirmado pela aguda pena da Professora Judith Martins-Costa. A eminente jurista aponta, relativamente à publicidade governamental quatro situações: "a) a que se refere à publicidade, seguida de publicação na imprensa oficial de determinados atos administrativos, tais como leis, decretos, atos de nomeação etc., a qual é obrigatória, posto constituir-se em requisito de eficácia do próprio ato; b) a que se refere à publicidade também obrigatória, mas não necessariamente seguida de publicação na imprensa oficial, aí se compreendendo a divulgação que é feita através da fixação, em locais públicos, de avisos ou editais de tomada de preços, por exemplo; c) a que se refere à publicidade, seguida de publicação na imprensa, sem caráter obrigatório, de atos, obras ou serviços, em que se configure ou sugira a promoção pessoal de quem quer que seja; e d) a publicidade, ou, melhor dito, 'propaganda' de agentes políticos ou administrativos que, não raramente, se utilizam de obras ou serviços para, indiretamente, realizarem promoção pessoal" (*op. cit.*, p. 14). Assim, a divulgação de realizações administrativas (hipótese ventilada no item "c" *supra*, por si só, não configura ilicitude. Para tanto, será necessária a "promoção" pessoal e a ausência do fim educativo, informativo ou orientador.

[297] Como observou com pertinência o Des. Augusto Otávio Stern, na AC nº 70001576339, julgada pela 3ª CCível do TJRGS, "não há propaganda institucional sem a oferta das realizações respectivas de uma administração pública".

vontade da imprensa". Lembra mais o eminente publicista que a experiência demonstra que a Administração somente é notícia nos seus aspectos patológicos ou quando é inoperante. Segundo ele, ainda, tal deformação tem um grave efeito deletério, qual seja, o de que "o cidadão comum, recebendo somente a informação negativa a respeito das instituições públicas, acaba tendendo a descrer de todo e qualquer governante, de seus representantes eleitos, da administração pública em geral, dos poderes constituídos e, por último, das instituições democráticas".[298]

3.2.4. Autoridades ou servidores públicos

Da mesma forma que a expressão "órgãos públicos" não tem a extensão restrita que poderia ter, à primeira vista, igualmente as "autoridades" e "servidores públicos" que estamos a significar não compreendem apenas aqueles ocupantes de cargos públicos, eletivos, de provimento efetivo ou em comissão. Como se anunciou *supra*, a norma do art. 37, § 1º, abarca também aquelas pessoas jurídicas de direito privado não integrantes da administração pública indireta, que recebem, de algum modo, verbas públicas, independentemente dos valores em que se deu a contribuição dos cofres públicos. Tendo a entidade privada percebido contribuição do erário, os responsáveis pela aplicação de tais valores estarão obrigados à sua observância. O dinheiro público não migra – ou não deveria migrar – para cofres privados para ser aplicado em fins não-públicos. Mesmo aplicado em serviços executados por entidades privadas, não perde o bem público a sua natureza e "afetação". Logo, na entidade privada, também deve ser atendido o princípio da impessoalidade. Cabe igualmente lembrar que a Lei nº 8.429/92, em seu art. 3º, preceitua ser ela aplicável "no que couber, àquele que, mesmo não sendo agente público, induza ou concorra para a prática do ato de improbidade ou dele se beneficie sob qualquer forma direta ou indireta". Assim também a Lei da Ação Popular, ao prever que a demanda será proposta "contra as autoridades, funcionários ou administradores que houverem autorizado, aprovado, ratificado ou praticado o ato" de responsabilidade das entidades mencionadas no art. 1º. Este, não é demais lembrar, alude a "quaisquer pessoas jurídicas

---

[298] Divulgação das atividades da administração pública – publicidade administrativa e propaganda pessoal, *Cadernos de Direito Municipal*, RDP 98, p. 247. Além dessa tendência sensacionalista, há que se mencionar o problema do monopólio dos meios de comunicação. Ver nota 253.

ou entidades subvencionadas pelos cofres públicos". Por conseguinte, não somente os agentes públicos, mas também os dirigentes de entidades privadas subvencionadas pelo erário estão impedidos de promover publicidade pessoal com dinheiro público.

É evidente que a publicidade custeada com dinheiro público, da mesma forma que não pode se constituir em publicidade pessoal do administrador, não pode servir para fins partidários. É certo, nessas circunstâncias, que não se trataria de *promoção pessoal*, uma vez que, ao se promover *um partido* não se estaria promovendo pessoas, a não ser indiretamente. Uma interpretação meramente literal da Constituição se prestaria para acolher uma tese – permissiva de tal promoção partidária – em sentido contrário, a qual esbarraria, inequivocamente, no conteúdo do princípio da impessoalidade. Apesar da importância que os partidos políticos possuem em nossa ordem constitucional, como veiculadores do exercício de um dos direitos políticos (CF, arts. 14, § 3º, V, e 17), não se poderão utilizar recursos públicos para a propaganda partidária. É certo que o partidos políticos poderão fazer uso de recursos públicos, captados do fundo partidário (art. 38, IV, da Lei nº 9.096/95 – Lei Orgânica dos Partidos Políticos), mas a sua utilização é condicionada a certos requisitos (CF, art. 17, § 3º e arts. 45 a 49 da Lei nº 9.096/95). A propaganda partidária deve ser veiculada exclusivamente para: (i) fins de difusão dos programas partidários; (ii) transmissão de mensagens aos filiados sobre a execução do programa partidário, dos eventos com este relacionados e das atividades congressuais do partido; e (iii) divulgação da posição do partido em relação a temas político-comunitários (art. 45, incisos I a III, da Lei 9.096/95). Além disso, deverá ser obrigatoriamente veiculada entre as dezenove horas e trinta minutos e vinte e duas horas, em espaço gratuito de rádio e televisão, solicitado junto à Justiça Eleitoral. O que se veda, enfim, é que se utilize o espaço publicitário de um órgão que tem por finalidade o atingimento de um fim público, desvinculado da idéia de segmento eleitoral, que deve cumprir os preceitos do art. 37 da Constituição da República (ou que receba verbas públicas, em qualquer medida), de utilizar um tal espaço para fins de propaganda partidária. Também um político, ao ascender ao poder, não pode utilizar recursos públicos em benefício somente dos interesses vinculados à ideologia que seu partido professa. Com isso, estar-se-ia tentando impingir uma pauta de valores privada – na medida que corresponde a somente uma parcela da população – à totalidade desta mesma população, valendo-se de recursos que pertencem a essa totalidade. Por outras palavras, o governante eleito não vai governar para seus filiados, mas para todos os cidadãos, os que nele votaram e os que não votaram. Da mesma forma, não pode a publicidade oficial desse órgão ser utilizada para fins de apologia ou convencimento de que a ideologia de tal partido é a melhor. A título de exemplo, a publicidade de uma prefeitura não poderia pregar que um tal partido é o que melhor administra a coisa pública. O que não pode ser descurado é a indeclinável realidade segundo a qual, em uma democracia, partidos políticos disputam eleições colocando em confronto o seu modo de governar, vale dizer, a ideologia que professam relativamente ao modo de atingimento do bem público. Em sendo assim, uma publicidade governamental que justifica ou fundamenta uma determinada decisão, à luz de uma determinada opção política reveladora da ideologia que anima a agremiação partidária que assumiu o poder democraticamente, deve ser vista com os olhos voltados para o princípio democrático (art. 1º, parágrafo único, da CF). A alternativa em sentido contrário significaria acolher uma posição segundo a qual o exercício do poder político é neutro ou asséptico e não demanda uma ideologização das ações de governo, como se tanto fosse possível. De qualquer modo, vale lembrar a necessária objetivação da publicidade, de modo que ela não caracterize a vedada "promoção" ou vinculação meritória de pessoas ou do partido.

3.3. A dimensão positiva do princípio da impessoalidade e a regra do art. 37, §, da CF

O princípio da impessoalidade, como se aludiu anteriormente, pode ser considerado em uma dimensão *negativa*, como proibição de benefícios ou malefícios indevidos, ou como *positiva*, quando determina do administrador que pondere objetivamente todos os interesses, públicos ou privados, que possam ser atingidos pela decisão a ser tomada.

A norma em questão é uma concretização da impessoalidade em sua dimensão negativa, uma vez que funciona como uma restrição ao administrador, que não poderá promover publicidade de modo a favorecer ele próprio ou outrem. A impessoalidade negativa obriga o administrador a *não agir* de modo a perseguir o fim legal (*favores* ou *odia*), já a impessoalidade positiva obriga o administrador *a agir* de modo a atingir o mesmo fim legal, considerando interesses que a sua omissão desconsideraria. A regra não abarca, assim, a violação da impessoalidade positiva, quando aplicada à publicidade da administração. É possível de se imaginar, como hipótese dessa última *pessoalidade positiva*, um administrador que deixa de realizar uma campanha publicitária de educação, informação ou orientação quando ela vier a ressaltar pontos positivos de um período administrativo antecedente, governado por um desafeto político, apenas para que ele não aufira o benefício indireto de tal publicidade. Uma tal situação, entretanto, não parece ser abarcada pela normatividade da regra em apreço.

3.4. Algumas questões relativas ao modo de veiculação e concepção da publicidade governamental

Como já se teve a oportunidade de mencionar, o governante de hoje é um ator e, para permanecer em evidência, necessita de um constante espaço nos meios de comunicação. Sua ligação com os eleitores se faz através de elementos de caráter notadamente afetivo e irracional, campo fértil para os profissionais de *marketing*. Para o desencadeamento de uma campanha política hoje, parece haver uma preocupação maior com a escolha do publicitário responsável pelo *marketing* eleitoral do que pelo programa partidário que vai ser proposto ao eleitorado. Além da propaganda política em período pré-eleitoral e da publicidade governamental custeada com recursos públicos, objeto do nosso estudo, não é despiciendo, ainda que de passagem, aludir que a maior contribuição para a formação da imagem pública do político se faz pela imprensa não-oficial.[299] São os meios de comunicação de massa, pertencentes à imprensa dita livre, que formam a imagem do político, que poderá ou não ser por ele explorada nos momentos eleitorais.[300] É fazendo uso destes espaços que o político

---

[299] Talvez o exemplo mais eloqüente de como se produz uma liderança através da imprensa seja o de Fernando Collor de Mello, o qual foi guindado de político de expressão regional – limitada ao seu estado natal – a nacional. Ver item "3" deste trabalho e nota 206.

[300] Esse tema nos remete a outra discussão, que é a relativa ao monopólio dos meios de comunicação e o conseqüente controle, em prejuízo do direito fundamental à informação. Em uma situação dessas, ocorrente em maior ou menor grau, há uma tendência ao governo que se julga prejudicado pela imprensa em valer-se de instrumentos de publicidade, que pode desbordar para a promoção pessoal ou do grupo político governante. De outro lado, a facção política que

procurará a identificação com algum arquétipo que vai encontrar ressonância no inconsciente dos eleitores. Assim, buscará ele a identificação com os arquétipos do grande pai ou do herói, no caso do homem, só para citar os mais comuns ou de maior apelo mítico.[301] Não é impossível que o político, ao deter controle sobre verbas públicas destinadas à publicidade, dela lance mão para construir uma imagem pública utilizando-se de publicidade oficial. Entretanto, essa hipótese afigura-se, salvo exceções, a mais remota, pelas limitações impostas pelo seu formato. A publicidade oficial, mesmo que produzida com finalidade de enaltecer o governante, tentará, ainda que canhestramente, parecer uma publicidade não-pessoal.

A publicidade governamental pode encontrar, desde que já existente uma clara identificação do líder político com algum arquétipo ou mesmo um papel – criados pelos *mass media* – um campo propício para a exploração simbólica. Nesta situação é que ela se revela mais "eficaz" e de difícil controle. Assim, um líder político já citado nos meios de comunicação como um "caçador de marajás" pode utilizar-se da publicidade oficial para enaltecer alguma realização que tenha reduzido os altos salários na administração pública, buscando simbolicamente a identificação com um referencial já existente no imaginário popular. Assim também um político conhecido como empreendedor de obras pode também fazer uso da publicidade oficial procurando "enaltecer, mais uma das tantas obras do governo que chefia". Outro expediente é a utilização de *slogans* ou de logomarcas que busquem a identificação pessoal com o administrador ou com o partido a que é ele filiado.[302] As possibilidades são infinitas, a ponto de dificultar sobremaneira o seu trato genérico, apriorístico. De qualquer modo,

---

conta com o apoio da imprensa dita "livre" não precisa lançar mão da publicidade oficial, uma vez que a "propaganda" (de informação e convencimento) em favor da posição política que defende já é feita pela imprensa. Sobre o papel da mídia hoje, sobre a privatização do espaço público e para uma democratização da imprensa, ver COMPARATO, Fábio Konder, *A democratização dos meios de comunicação de massa*, in Direito Constitucional: estudos em homenagem a Paulo Bonavides, p. 149-166.

[301] Sal Randazzo (*A criação de mitos na publicidade*, p. 55 a 189), apoiado em sólida bibliografia de psicologia analítica, explora as mitologias masculina e feminina, as quais são utilizadas pelos publicitários para criar e manter as marcas comerciais. As mitologias masculinas são as mais utilizadas (os políticos em sua maioria são homens) pelos políticos para a criação de sua imagem pública. Schwartzemberg ainda cita outras espécies de imagens buscadas pelos líderes políticos, como o "igual a todo mundo", o "charmoso", e, no caso (raro) das mulheres que ascendem a cargos de mando "a a-mulher" (*O estado espetáculo, passim*).

[302] A esse tipo de personalização, Wallace Paiva Martins Júnior chama de *oblíqua* (*Publicidade oficial*: moralidade e impessoalidade, RT 605-86).

ainda que se possa identificar o uso simbólico personalizado da publicidade governamental, profligá-la exigirá do órgão controlador, judicial ou administrativo, sérios problemas práticos, os quais se revelarão por ocasião da fundamentação da decisão.

Em meio a essas dificuldades inerentes ao tipo de fiscalização da atividade administrativa proposta, um recurso pode ser utilizado. Ao menos na boa técnica publicitária, faz parte do processo de realização da propaganda uma fase que, formalizada, deve ser entregue àquele a quem o publicitário está a prestar serviço, para fins de aprovação. É a fase do *planejamento*, onde são alinhados os objetivos a serem atingidos pela propaganda, ordenadas as informações conhecidas sobre o público-alvo e a concorrência, levantados os recursos disponíveis e considerada a experiência passada do anunciante.

Com base nessas informações, as alternativas de ação são analisadas, e a *estratégia* da propaganda é definida. Essa estratégia deve definir *o que* (conteúdo) deve ser comunicado *a quais* consumidores, de *que forma* (anúncios, comerciais etc.), com que *ênfase* (pontos a serem ressaltados pela propaganda), com que *argumentos* básicos, de *que modo* (informar, persuadir, lembrar, comparar etc.) através de *quais meios* (rádio, TV, jornal etc.) e *quando* (período do ano, dia da semana, hora etc.) a propaganda deve ser realizada. Tal planejamento deve ser levado ao administrador para fim de aprovação.[303] Como se trata de etapa formalizada, em que constará explicitamente a mensagem que vai ser veiculada, pode servir de um bom subsídio para o *decisor* a quem incumbir analisar a pessoalização de tal propaganda.

A verificação de que o planejamento da propaganda é etapa importante na atividade do publicitário, bem como de que em tal fase pode ser desvendada a mensagem publicitária, onde será, enfim, constatada a existência de pessoalização, desvela-se também como impor-

---

[303] Rafael Sampaio mostra todo o procedimento da propaganda, a qual se desenvolve, basicamente, em 8 fases: (1) a *definição de objetivos*, com explicitação da tarefa que a propaganda deve cumprir; (2) o trabalho de *pesquisa*, para se saber quem deve ser atingido, como reagem, seus hábitos, perfil econômico, concorrência, valor, argumentos mais sensíveis e tudo o mais que for necessário para a etapa seguinte; (3) o *planejamento*, o qual, com base nas informações anteriores, se elaborará a estratégia a ser seguida; (4) a aprovação, a partir da qual se desenvolverá um duplo trabalho: *criação e planejamento de mídia*, ocasião em se dará forma às mensagens publicitárias e se estudarão meios, veículos, posições, horários e formatos da propaganda; (5) a *aprovação* da criação e da mídia; (6) a *produção* das peças de propaganda e compra dos espaços nos veículos de comunicação; (7) a execução pelos veículos escolhidos; e (8) a *aferição* dos resultados e *correções* (*Propaganda de A a Z: Como usar a propaganda para construir marcas e empresas de sucesso*, p. 31 a 35).

tante de ser lembrada a necessidade de procedimentalização da conduta administrativa.

3.5. Da necessidade de abandono da dogmática própria do legalismo positivista

Diante do que foi mencionado, já foi possível vislumbrar que a solução a ser adotada pelo aplicador do direito importa em estabelecer juízos lógico-argumentativos que vão muito além da mera "subsunção da norma ao caso concreto", como costuma mencionar a hermenêutica tradicional. Além disso, lembrando também a observação de Almiro do Couto e Silva de que as ações que se desenrolam no campo da política o juízo isento é singularmente raro,[304] o controlador da atividade administrativa deve ocupar-se, honesta e escrupulosamente, em levar em conta juízos de natureza jurídica. Vale lembrar que a hermenêutica principial, ao trabalhar com princípios fundantes, tais como "estado democrático de direito", "república", "federação", "dignidade da pessoa humana", lança mão de argumentos que pareceriam, ao hermeneuta do positivismo legalista, de natureza "política". Calha igualmente repisar, por oportuno, que os princípios em questão são jurídicos, na medida da sua positivação constitucional. É a dimensão teorético-política da interpretação constitucional, a qual toma em conta a Constituição como "estatuto jurídico do fenômeno político".[305]

---

[304] Serviço de publicidade – promoção pessoal – dispensa de licitação, p. 388.
[305] GOMES CANOTILHO, J.J. *Direito Constitucional e Teoria da Constituição*, p. 1081.

4. Uma exploração da jurisprudência acerca da publicidade pessoal na administração pública

> *We live under a constitution, and that constitution is what de judges say it is.*
>
> Charles Evans Hughes

4.1. Generalidades

Estudar-se-ão alguns julgados, de modo a proceder à análise de seus fundamentos, procurando extrair o entendimento que o Judiciário vem fazendo acerca do assunto. Procurou-se, além disso, estabelecer conexões com o suporte teórico desenvolvido neste estudo. Cuida-se de uma pesquisa que privilegiou a jurisprudência gaúcha, pela facilidade de acesso, embora não tenham descurado os repertórios de jurisprudência mais conhecidos, os quais, como se sabe, não publicam todos os julgados que interessariam à pesquisa. De qualquer sorte, nosso objetivo foi, tanto quanto se permite para uma assunto tão vinculado ao caso concreto, obter uma certa generalização de suas conclusões, notadamente pelas fundamentações que fossem objetivas.[306]

---

[306] Naturalmente, esbarrou-se na impossibilidade de se verificar a própria publicidade (a imagem, o texto, enfim, os documentos constantes do processo) ficando-se, neste caso, com a conclusão dos julgadores. É o caso, por exemplo, quando se observa um juízo do tipo: "não se vislumbra no material de fls. 'X a Y' pessoalização no texto e nas imagens". Neste caso, a leitura que faz o pesquisador não deixa de ser uma metaleitura do material publicitário. Todavia, cuida-se de limite metodológico assumido e admitido em um pesquisa do tipo bibliográfica.

Procurou-se dar uma classificação à jurisprudência colacionada, somente para o fim de dar uma organização à matéria tratada, elegendo como critério classificatório o elemento considerado ou não como veiculador ou indicador da pessoalização da publicidade.

Constatou-se, por fim, que a jurisprudência é escassa sobre o tema.

4.2. O STJ e o critério da ênfase

Constitucional e Processual Penal. Administração Pública. Limite da Publicidade dos Atos, Programas Obras e Serviços.
Se na avaliação do conteúdo da matéria publicitária, quando deve-se verificar se a ênfase está posta na obra ou serviço, ou na pessoa que os realizou, e não se vislumbra a existência de informes publicitários que extrapolem os limites permitidos pela Constituição, o inquérito deve ser arquivado.

A decisão foi lançada em processo que tratava de acusação de utilização de direito de resposta em programa eleitoral, pelo Governador da Bahia, com o fito de promoção pessoal, e teve votação unânime.[307] Acolheu o relator, Min. José de Jesus Filho, em seu voto, a argumentação da Procuradoria da República:

No exame da questão deve-se observar, antes do mais, que a Lei Maior não proíbe, propriamente, a publicidade, de caráter informativo, dos atos, programas, obras, serviços e campanhas dos órgãos públicos; veda, apenas, aquela que visa à promoção de autoridades ou servidores públicos.
Assim, o fato de em determinada campanha publicitária mencionar-se o nome da autoridade ou do servidor público responsável pelo ato, obra ou serviço a que se dá a divulgação, não caracteriza, por si só, infração ao dispositivo do art. 37, § 1º, da Constituição Federal.
Isto porque a norma tem por objetivo coibir o abuso, a promoção de cunho nitidamente pessoal, a autopromoção, e não exigir modéstia daquele que, julgando haver bem desempenhado sua missão, presta contas à comunidade a que está a serviço, divulgando as realizações de seu governo ou de sua administração.
Assim, na avaliação do conteúdo da matéria publicitária, há que se levar em conta a utilidade pública da divulgação: deve-se verificar se a ênfase está posta na obra ou serviço, ou na pessoa que os realizou.

---
[307] Inquérito nº 85-1/Bahia, rel. Min. José de Jesus Filho, j. em 12.8.93, DJU de 30.8.93, p. 17.255.

Consoante já se tratou anteriormente, trata-se de uma dogmatização do princípio da proporcionalidade ou razoabilidade, ainda que de modo assistemático.

4.3. Utilização de nomes e imagens

4.3.1. Homenagem de reconhecimento de agente público e comemoração de aniversário de mandato. Uma condenação por crime de responsabilidade (DL nº 201/67)

A segunda decisão judicial a fazer referência à publicidade pessoal, no Estado do Rio Grande do Sul, é um julgado produzido em processo-crime em que Prefeito é acusado de crime "de responsabilidade", tipificado no Decreto-Lei 201/67.[308] O Prefeito de Tupanciretã foi condenado pela prática dos crimes tipificados nos incisos V[309] e XIV[310] do DL 201/67, por ter (i) veiculado, às expensas da municipalidade, apedido, constando "homenagem e reconhecimento" ao ex-secretário de administração, onde constava a sua condição de candidato a cargo eletivo nas próximas eleições, bem como a fotografia do prefeito; e (ii) também por ter custeado matéria cujo tema era a celebração pelo seu quarto ano de mandato, onde apareciam e seu nome e o do Vice-Prefeito. No mencionado julgado, foi fundamento da ilegalidade da conduta a violação do princípio da impessoalidade e da regra do art. 37, § 1º, da CF, em face da prática de publicidade pessoal custeada pelos cofres públicos, no primeiro caso, pela utilização direta do nome dos agentes políticos (promoção pessoal do Prefeito e do seu ex-secretário, candidato em eleições próximas) e, no segundo, pelo fato de constar o nome do Prefeito e do Vice na "homenagem" paga.

4.3.2. Nomes em placas, impressos, veículos e bens públicos

Uma das primeiras decisões do TJRGS relativamente à publicidade pessoal foi a lançada em ação popular ajuizada contra o Municí-

---
[308] TJRGS, Processo-Crime nº 692075369, 4ª CCriminal, Rel. Des. José Domingues G. Ribeiro, j. em 1º.6.93.
[309] "Ordenar ou efetuar despesas não autorizadas em lei, ou realizá-las em desacordo com as normas financeiras pertinentes".
[310] "negar execução a lei federal, estadual ou municipal, ou deixar de cumprir ordem judicial, sem dar o motivo da recusa ou da impossibilidade, por escrito, à autoridade competente".

pio de Lagoa Vermelha, contra o Prefeito e o Vice, e contra o Secretário de Saúde, e teve por objeto a condenação dos demandados a indenizar as despesas havidas com a inclusão dos seus nomes em placas e impressos da Municipalidade.[311]

A mais antiga decisão de que se tem notícia, sobre o tema, registrada nos repertórios de jurisprudência, foi a proferida pelo Tribunal de Justiça de São Paulo, que julgou procedente ação popular movida contra o Município de Estância Turística da Barra Bonita, tendo em vista a inclusão dos nomes de autoridades em viaturas oficiais, bancos de jardim e placas indicativas de obras da Municipalidade.[312] Também pela inclusão de nomes em papéis, documentos, veículos, obras, placas de sinalização, foram o Prefeito, o Vice e a Municipalidade de Promissão condenados em ação popular julgada pelo TJSP.[313]

O Tribunal de Justiça de Goiás julgou procedente, à unanimidade, a ação civil pública movida pelo Ministério Público, a qual visava à retirada do nome do Prefeito de Petrolina de Goiás e do lema "Humildade, Trabalho e Justiça" de todos os veículos da Municipalidade, bem como do nome da sua esposa, da fachada de prédios municipais.[314]

Um interessante caso foi objeto de ação popular envolvendo o Prefeito de Cachoeirinha-RS, em que a este foi reputada a prática de publicidade pessoal em razão de constar de placas indicativas de obras públicas a cargo da municipalidade o nome do Chefe do Executivo, que é engenheiro e figurava como responsável técnico.[315] Entenderam os julgadores que o fato não configurava publicidade personalizada, porquanto (i) a identificação do responsável técnico pela obra é uma exigência legal; (ii) as placas profligadas se encontravam dentro da lei e não indicavam que o demandado – responsável técnico – fosse Prefeito, sem qualquer intenção de promoção pessoal; (iii) o exercício do cargo de Prefeito não vedava o exercício da profissão de engenheiro, e, portanto, de assumir a responsabilidade técnica pela execução das

---

[311] TJRGS, Apelação Cível nº 592104152, 2ª CCível, rel. Des. Sérgio Müller, j. em 1º.9.93.

[312] TJSP, Ap. 143.146-1 (Reexame), 5ª Câmara Civil, rel. Des. Francisco Casconi, j. em 13.6.91, RT 671, 94-96.

[313] TJSP, Apelação Cível nº 213.273-1, 7ª Câmara Civil, unânime, rel. Des. Leite Cintra, j. em 14.9.94, JTJ – LEX 166, 09-12.

[314] TJGO, Duplo Grau de Jurisdição 3.195-1/195, 2ª Turma da 3ª Câmara Cível, rel. Des. Charife Oscar Abrão, j. em 4.5.94, Boletim de Jurisprudência ADCOAS, BJA nº 23, ano XXVIII, 1995, p. 631-632.

[315] TJRGS, Apelação Cível nº 593142466, 1ª CCível, rel. Des. Salvador Horácio Vizzotto, j. em 9.11.94.

obras do Município; e (iv) não havia proibição legal para que o demandado assumisse a responsabilidade técnica pela execução da obra (CF, art. 5º, II). A ementa é a seguinte:

> *Ação Popular. Administrativo Constitucional. Prefeito. Publicidade. Promoção Pessoal. Inocorrência.*
> O Prefeito Municipal, engenheiro civil, regularmente inscrito perante o CREA, não está impedido de assumir a responsabilidade técnica de obras do Município, mormente se o faz à margem de remuneração específica. Não constitui e nem caracteriza publicidade promocional pessoal o fato de constar o nome do Prefeito como responsável técnico, com a indicação do número do registro no CREA, em placas identificadoras de obras públicas, sem destaque e sem aludir a sua condição de prefeito municipal; por observância do disposto no art. 16, da Lei nº 5.194/66 e na Resolução 250, de 16/12/77, do CONFEA. Pressupostos embasadores da ação popular –ilegalidade e lesividade – ausentes. Ação improcedente. Sentença reformada.

4.3.3. Nomes e imagens em prestações de contas e outras publicações por meio da imprensa

O TJSP, julgando a ação popular movida contra ex-Prefeito do Município de Bonifácio, entendeu que a matéria mandada publicar, sob a forma de tablóide, inserida em jornal local, relativa à prestação de contas de quatro anos de mandato, não constituía promoção pessoal.[316] Os demandados foram acusados de promoção pessoal "mediata", por "ainda manterem a pretensão de concorrer a outros cargos públicos". No material publicitário, foram inseridas fotografias e os nomes dos réus. No caso, entendeu-se que o material em questão tinha "nítido propósito informativo das realizações da gestão administrativa", e constituía-se em uma forma de "prestação de contas". A ementa assim constou:

> *Ação Popular* – Publicação paga pelo Erário Público de matéria informativa sobre realizações da Administração Municipal, com as pessoas dos administradores referenciadas – Promoção pessoal indemonstrada, a qual não exsurge manifesta no texto publicado, onde prepondera a matéria informativa, de interesse dos munícipes – Inteligência do artigo 37, *caput* e § 1º, da Constituição da República e artigo 2º da Lei n. 4.717, de 1965 – Ação improcedente – Recursos improvidos.

A questão ora vertida constitui-se, a nosso ver, de uma aplicação do critério apregoado pelo STJ, mesmo sem referi-lo expressamente, na medida em que o texto da publicação, analisado, foi considerado

---
[316] TJSP, Apelação Cível nº 260.445-1, 8ª Câmara de Direito Público, rel. Des. José Santana, j. em 18.12.96, JTJ – LEX 198, 20-23.

como tendo "preponderante caráter informativo", ou seja, a ênfase foi informativa, e não pessoalizante, segundo os julgadores.

Igual solução foi a encontrada no julgamento de ação civil pública movida contra o Prefeito e o Vice-Prefeito de Viamão-RS, por terem, entre outras condutas, feito a publicação na imprensa de anúncio publicitário em jornal local.[317] Mais uma vez, sem referir expressamente, sem dúvida, o que fizeram os julgadores, neste caso, foi verificar, na publicação, se a ênfase era pessoalizante ou se continha apenas informação:

> Ora, ao meu sentir, a publicação anematizada está mais para publicação informativa do que para benefício dos eventuais favorecidos e interessados.
> "Como se pode verificar da cópia do jornal acostado aos autos, não há qualquer menção ao nome dos acusados, nem ao menos, do período administrativo que pudesse identificá-los. Somente a inscrição Governo Municipal de Osório. Os dois demandados aparecem em uma foto, tirada por ocasião da inauguração do refeitório, quando era servido um café matinal para os servidores. A referida foto foi tirada pelo jornalista do jornal, conforme declaração acostada aos autos, na folha 57, e depoimento prestado em audiência." (...)
> (...)
> Igualmente é o que concluiu a douta Julgadora ao anotar que 'basta olhar para a publicação para verificar que a foto refere somente inauguração do refeitório e da garagem da Prefeitura e não as outras obras citadas na matéria, embora elas estejam na mesma página." (...)
> Em síntese, impõe-se analisar a matéria à luz de uma de uma interpretação da lei mais condizente com os fatos e com a nossa realidade. (...)

Além do aspecto já abordado, é de ser salientado que a "interpretação mais condizente com a nossa realidade" parece significar a admissão de que se trata de uma certa "rotina", ou "costume", a divulgação de matéria paga na imprensa, pela administração, a fim de divulgar as suas realizações, ou, ainda, um recurso à razoabilidade e ao bom-senso.

Nos dois julgados a seguir mencionados, também tratou-se da pessoalização da publicidade por meio do uso de imagens. Em julgamento de ação civil pública ajuizada contra o Presidente da Câmara Municipal de Viamão-RS e outros vereadores, entenderam os julgadores que as publicações não se ativeram a noticiar as "atividades legislativas da Câmara de Vereadores de Viamão", pois, em "boa parte delas, aparecem as fotografias de Vereadores com claro intuito de

---
[317] TJRGS, Apelação Cível nº 70002652964, 4ª CCível, rel. Des. Vasco Della Giustina, j. em 15.8.01.

promoção pessoal".[318] Foi também objeto de ação civil pública, publicidade em jornal realizada pelo Prefeito de Mirandópolis-SP, assim considerada tendo em vista que a publicidade "tinha como manifesta preocupação sua realização pessoal, não a da Administração Pública do Município", o que era evidenciado pelo visível "destaque a seu nome e imagem", a qual surgia "sempre no primeiro plano".[319]

4.4. Utilização de símbolos, *slogans*, associados ou não a outros modos de representação de idéias ou pessoas

4.4.1. Administração dos Trabalhadores

A primeira decisão que se teve notícia, no Rio Grande do Sul, envolvendo uma discussão relativa à inclusão de símbolo ou *slogan* do partido do governante, com base no art. 37, § 1º, da CF, foi proferida na ação popular assim ementada:

> Ação popular. Publicação de adesivo e material de expediente com símbolo e expressão alusivas a partido político. Nulidade do ato (CF-88; Lei nº 4.717/65, art. 1º, parágrafo único, "c"). Não é possível mandar publicar, às expensas do Município, adesivo e material de expediente com símbolo e expressão alusiva ao partido político do Prefeito. Procedência da ação. Apelação provida.[320]

Na mencionada ação, em que foi réu o Município de Ronda Alta, havia a inserção do símbolo do Partido dos Trabalhadores no material de expediente da Prefeitura, bem como a expressão "Administração dos Trabalhadores". Entendeu-se, nesse julgado, que havia propaganda político-partidária e promoção pessoal dos agentes políticos, à custa do patrimônio público. Neste caso, a vinculação do *slogan* ao Partido dos Trabalhadores é por demais evidente, não só pela expressão "dos Trabalhadores", que se segue à "Administração", mas também pela utilização do símbolo da agremiação partidária. Ainda que se considere possível a utilização do *slogan*, o símbolo partidário já tornaria, *per se*, ilegítimo o ato.

---

[318] TJRGS, Apelação Cível nº 599490646, 1ª Câmara de Férias Cível, rel. Des. Paulo de Tarso Vieira Sanseverino, j. em 18.11.99.
[319] TJSP, Apelação Cível nº 278.032-1, 4ª Câmara de Direito Público, rel. Des. Soares Lima, j. em 22.5.97, JTJ-LEX 202, 11-14.
[320] TJRGS, Apelação Cível nº 592059299, 1ª CCível, rel. Des. Araken de Assis, j. em 6.10.92.

Envolvendo a mesma Municipalidade, houve outra ação popular, com objeto semelhante,[321] em que o autor postulava o ressarcimento das despesas com a publicação de uma coluna no jornal local, nominada "Administração dos Trabalhadores", em que o demandado promoveu servidores que foram candidatos a cargos eletivos, comunicou sua hospitalização, férias, viagens, fotografia, além de criticar pessoas e entidades, de modo a fazer promoção pessoal e do partido. Constou da ementa:

> *Ação Popular – Publicidade Ilícita – Eslogão Alusivo a Partido Político e Promoção Pessoal do Chefe do Executivo Municipal – Ato Contrário a Norma Constitucional e Lesivo ao Erário – Reparação Devida.*
> I. (...)
> 2. A publicação de informativos de parte da Administração Pública com dísticos alusivos à ideologia de partido e com promoção pessoal do Chefe do Executivo, inseridos em jornal, e às custas do Município, caracteriza ofensa aos princípios da impessoalidade e moralidade administrativas tuteladas pela CF (art. 37, § 1º) e lesa ao erário e merece reparo de parte de seus responsáveis diretos.
> Sentença reformada em parte.

Considerou o julgado que a publicação impugnada ofendia a regra do art. 37, § 1º, da CF, em face de constar, junto da coluna "Informativos da Prefeitura Municipal de Ronda Alta", o dístico "Administração dos Trabalhadores", o que constituiria "escancarada propaganda do Partido dos Trabalhadores – PT, similarmente ao *slogan* Administração Popular", além do que seria ela utilizada para fins de ataques a adversários políticos e notícias de exclusivo interesse dos detentores do Poder Executivo. Tais informativos, ainda, destinar-se-iam-se à promoção e à emulação do Chefe do Executivo e de seu partido, identificando, "de forma clara e sectária, a ideologia da Administração". Desse modo, além do *slogan*, a publicação continha, por seu teor, matéria que evidenciaria a promoção pessoal e de membros do partido.

4.4.2. O polêmico slogan "Administração Popular"

O terceiro caso julgado pelo TJRGS, sobre o tema foi a apelação interposta em ação popular que teve por objeto ordem destinada a impedir o uso, pelo Município de Porto Alegre, nos avisos, editais, cartazes e placas de obras públicas, do *slogan* "Administração Popu-

---
[321] TJRGS, Apelação Cível nº 595033796, 1ª CCível, rel. Des. Celeste Vicente Rovani, j. em 22.11.95.

lar", por considerá-lo atentatório à impessoalidade administrativa, uma vez que constituiria forma de publicidade caracterizadora de promoção pessoal dos governantes.[322] Até o momento em que o presente trabalho é redigido, ainda se encontra o caso pendente de decisão final no STF, após julgamento dos embargos infringentes dessa decisão.[323]

O acórdão foi assim ementado:

Administrativo – Constitucional. Ação Popular. Publicidade.
A inclusão do slogan na publicidade dos atos da Administração Pública, com conteúdo subliminar que o identifica com o partido político dos governantes, constitui propaganda pessoal ilícita, vedada no art. 37, § 1º, da Constituição Federal.
Ação julgada procedente.
Recurso provido. Voto vencido.

No citado aresto, ficaram expressas as duas posições que atualmente dividem o tribunal gaúcho no que tange à questão. Vale lembrar que hoje mais de um município, além da Capital, tem como governantes políticos filiados ao Partido dos Trabalhadores, onde se utiliza o mesmo *slogan* (Administração Popular), objeto, inclusive, de outras ações, como a que será mencionada a seguir. De um lado, posicionaram-se o Presidente e relator e outro componente da Câmara, havendo um voto vencido. O relator, após lembrar que o próprio demandado afirma que o *slogan* "é a forma sucinta de expressar a maneira de governar a cidade", discorreu acerca do espaço que o *slogan* em questão ocupa nos atos publicados e, mencionando que ele se encontra no *inconsciente coletivo* dos porto-alegrenses como *administração do PT*, reforçado pela própria propaganda eleitoral em época de pleito, consignou que

Com aquela expressão, à toda evidência, não está o Município de Porto Alegre simplesmente identificando a pessoa de direito público, ou quaisquer outros órgãos descentralizados, dos quais emanem os atos, as informações e a publicidade necessária ou útil. Também não está apenas divulgando a atividade administrativa em si mesma. Diferentemente, prefere – como expressamente admite – divulgar uma certa maneira de governar. Assim, desgarrando da necessária impessoalidade dessas publicações e da respectiva finalidade.

O *slogan* "Administração Popular" funcionaria, desse modo, como um símbolo do Partido dos Trabalhadores, configurando propaganda do governo – e, por via reflexa, dos dirigentes que assumiram o

---
[322] TJRGS, Apelação Cível nº 592131882, 2ª CCível, rel. Des. Élvio Schuch Pinto, j. em 9.6.93.
[323] RE nº 191.668.

poder –, e não publicidade da administração,[324] e, destarte, incorrendo na publicidade vedada constitucionalmente.

O voto vencido caminhou – ainda que não expressamente – no sentido de que seria uma ingenuidade supor que qualquer governante, em um regime democrático e representativo, não fosse se beneficiar, de algum modo, de publicidade oficial. Percebe-se, também, no voto discordante, ao que parece, a idéia de que é impossível, no regime democrático, evitar-se a publicidade ou mesmo a propaganda, e que as urnas são, enfim, o que vão decidir, desde que presentes os mecanismos liberais de contenção do poder, como a divisão de poderes. Embora o voto tenha analisado e concluído no sentido de que não houve promoção pessoal, ainda que sem uma fundamentação sobre tal questão, divisa-se o acolhimento da idéia – também não expressamente – de que o princípio democrático deveria ser privilegiado. Vale transcrever o seguinte excerto:

> Em primeiro lugar (...) a civilização produziu algumas conquistas e entre elas, no campo sócio-político, está aquele que tem como o sistema político mais aperfeiçoado e democrático. E a democracia supõe algumas mecânicas, pena de não funcionar. A primeira é a de que a mesma seja representativa. Impossível hoje eventual intenção de restabelecer-se alguma forma de democracia direta. Isto seria infantilidade. E a democracia supõe também divisão de poderes, divisão de poderes esta que implica – e a constituição estabelece isto como sistema – em que os ganhos daqueles que encarnam os poderes guardem paridade, e não há que se falar que teria de levar em conta eventuais critérios de investidura. Seja a eleição, seja o concurso público, a investidura é igualmente democrática e atenta a natureza do Poder e de suas funções. Nesta linha, indo-se adiante, poder-se-ia dizer que interessa à função legislativa e à função executiva a oxigenação com a renovação, ao passo que a função judicial, a prestação jurisdicional, demandaria permanência. E isso acarretaria duas observações: Há, é verdade – e é penoso reconhecê-lo quem não goste da democracia e se volte para sistemas ou regimes jurídico-econômicos antidemocráticos. E, por igual, também não existem dúvidas que no brasil padece-se de um inchaço estatal-governamental, e há quem resista à idéia de que o Estado deve se encolher, procurando fazer corretamente aquilo que lhe incumbe e não procurar tarefas para as quais ele é absolutamente inapto e inepto.
> Mas, no caso concreto, o parâmetro que regerá a decisão é aquele da Constituição. A mesma, no art. 37, § 1º, proíbe, em resumo, a publicidade oficial quando houver a caracterização de promoção pessoal.
> (...) Não diria que a publicidade das atividades de governo ou da administração

---

[324] O acórdão lembra a distinção entre "governo" e "administração pública", citando Hely Lopes Meirelles (*Direito Administrativo*, p. 55-56).

municipal, com o rótulo de "Administração Popular", seja inocente ou angélica. No entanto, não vejo lesividade, porquanto os atos em que há a inserção dessa expressão teria efetivamente de ser publicados, e não vejo necessariamente imoralidade – se se pudesse descer a esse juízo – porquanto está a me parecer que há uma certa ingenuidade em inserir-se a referida expressão. Evidencio, de forma flagrante, 'malgré' a intenção, um certo populismo e uma certa idéia que traduziria uma certa radicalização, a fazer lembrar um velho pensador russo que em opúsculo aludia a uma certa e determinada 'doença infantil'. Esta crítica pode ser feita. Agora, não está a me parecer que, pelo afirmado acima, haja lesividade, com certeza, ou haja imoralidade.

Em face do voto discordante, foram interpostos embargos infringentes.[325] Novamente ficou o órgão julgador dividido, havendo, de oito votos, dois contrários. O voto condutor acolheu a tese da maioria e os fundamentos do voto vencedor, do julgado recorrido, a saber:

É de conhecimento geral que "administração popular" confunde-se como 'administração do Partido dos Trabalhadores'. (...) Ora, sendo a expressão usada com enorme destaque nos editais, comunicados e avisos de licitação de fls. 6/8, é de reconhecer – data vênia – que se trata de uma forma de marcar, na lembrança do público, a presença da agremiação política e, via indireta, das autoridades integrantes do seu quadro. Tal prática é vedada no art. 37, § 1º, da CF, (...).

Também foi objeto de discussão o mesmo *slogan* noutro processo – ação civil pública movida pelo Ministério Público – onde os demandados, Prefeito, Vice-Prefeito e Secretário de Cultura de Porto Alegre, bem como a agência de publicidade responsável pelas publicações, foram demandados por prática de improbidade administrativa, por terem determinado a publicação da revista "Prestação de Contas 93 – Fazendo as Contas – Porto Alegre é sempre mais" e do livro "Alma no Espelho".[326] Nas primeiras publicações, além dos nomes do Prefeito e Vice, nessa condição, aparecia o *slogan* "Administração Popular" e, no segundo, o nome do Secretário de Cultura, como titular da pasta. Alegou-se, nesse feito, como no anterior, que, ao aludir-se à "Administração Popular", estar-se-ia fazendo promoção pessoal indireta dos governantes, ao qual pertenceriam ao Partido dos Trabalhadores, bem como que a publicação consistia em promoção de autopropaganda, de modo que os demandados se apresentassem como os melhores, mais

---

[325] TJRGS, Embargos Infringentes 593129422, 1º Grupo de Câmaras Cíveis, rel. Des. José Vellinho de Lacerda, j. em 1º.7.94.

[326] TJRGS, Apelação Cível nº 595154378, 2ª Câmara Cível, rel. Des. Arnaldo Rizzardo, j. em 6.6.96. Neste julgamento, com a ressalva de um dos julgadores que a questão relativa ao uso do *slogan* não deveria ser objeto de apreciação, por estar *sub judice* no processo anterior, a decisão foi unânime.

qualificados ou competentes gestores da coisa pública. O juiz singular havia julgado procedente o pedido, ao considerar que a prestação de contas, mencionando o nome das autoridades e nesta fazendo constar a "Administração Popular", não se constituía em uma "apartidária peça informativa", mas teria "claro intuito propagandístico dos últimos governos de Porto Alegre, de responsabilidade dos partido que administra o Município". Neste acórdão, entenderam os julgadores que a publicação consistente na "Prestação de Contas 93" não constituía promoção pessoal dos agentes políticos, por apenas dar conta das atividades desenvolvidas, informando a linha de atuação política, do orçamento, das prioridades, dos recursos e receitas, das despesas, dos investimentos, entre outros. Relativamente ao conhecido *slogan*, constou do voto do relator:

> O "slogan" acima epigrafado não traz qualquer indício de promoção pessoal dos administradores ou dos servidores públicos. Simplesmente revela uma linha política, uma filosofia de administração. Não caracteriza, outrossim, um partido político, já que possível a sua adoção por qualquer cidadão ou responsável por gestão de bens ou de governos. Há uma linha programática para a qual se dirige um governo.
> Nos últimos tempos, realmente os governos têm se orientado dentro de uma filosofia ou de um programa, procurando imprimir nas consciências e nas mentes a característica que os marca. Com isso, os cidadãos ou governados sabem conscientemente eleger seus administradores. Podem optar pelo programa que melhor atende os interesses preponderantes no momento histórico das mudanças de governos.
> Tal faz parte do jogo democrático. Diante das várias correntes de linhas políticas, parece normal a preponderância para setores particularizados, que merecerão a atenção, se guindado ao poder o partido político.

Não há como se analisar, sem ter em conta as publicações, se elas efetivamente faziam promoção pessoal inconstitucional, por consistirem em auto-elogios, proselitismo ou louvação das próprias realizações. Uma tal análise depende, obviamente, da leitura do teor dos textos constantes das publicações. De qualquer modo, permite-se vislumbrar que o uso do *slogan* "Administração Popular" não foi considerado promoção pessoal indireta, como no anterior julgamento, pendente ainda de recurso no STF. Os argumentos caminham na mesma linha dos votos vencidos dos julgamentos anteriores, quais sejam, de que não se considera ilícito a divulgação da orientação política do governo, a par de uma mera lista de realizações, e, mais, que isso é desejável e inerente à democracia representativa. Como se vê, não se considerou que o *slogan*, por si só ou associado a uma prestação de contas, caracterizasse a "promoção" vedada constitucionalmente.

Ainda sobre o mesmo tema, há recente acórdão, lançado em ação popular movida contra o Prefeito de Caxias do Sul e contra o Partido dos Trabalhadores, onde os autores postulavam a proibição do uso do *slogan* "Administração Popular" em documentos oficiais, impressos e divulgações de obras públicas, além de programa televisivo, onde aparecem políticos do PT e de outros partidos da "Administração Popular", além de outros pedidos.[327] A ação foi julgada improcedente na origem, e o aresto do TJRGS foi unânime pelo improvimento do apelo dos autores populares. A ementa foi a seguinte:

> Ação Popular. Publicidade. Slogan. Orçamento Participativo. A adoção de *slogan* por parte da Administração Pública deve ser visualizada dentro dos limites impostos pela regra do § 1º, do artigo 37, da CF/88. A mera utilização do mesmo em peças informativas, culturais e de serviço público, não configura ilegalidade ou lesividade ao patrimônio público, não incidindo as regras que orientam, atualmente, a Lei nº 4.717/65, combinadas com a norma do § 4º, do artigo 37, da Carta Republicana. Lesividade e ilegalidade não caracterizados na espécie. Prova produzida no feito de que ausente qualquer prejuízo com a introdução do denominado Orçamento Participativo, porquanto existente previsão orçamentária. Ação julgada improcedente. RECURSO DE APELAÇÃO NÃO PROVIDO.

Segundo o relator:

> Os fatos imputados ao demandado e seu correspondente partido político, salvo entendimentos outros, não estão incluídos ou imiscuídos dentre aqueles que justifiquem um juízo de procedência da ação popular constitucional, isso porque não vejo infringida a regra salutar contida no artigo 37, § 1º, da CF/88, cujos termos reproduzo:
> "Art. 37 – (...)
> Bem verdade que a disposição constitucional vem ao encontro da precípua finalidade de bem informar o cidadão, afastando, todavia, o caráter de pessoalidade que muitas vezes advém da atitude do administrador público em enaltecer, com fins de prestigiamento pessoal ou eleitoral, sua realizações. Não é o caso noticiado nos autos."
> Como bem destacado na sentença hostilizada ao reproduzir trecho do parecer ministerial junto ao 1º grau de jurisdição, a saber:
> "No presente caso, restou demonstrado nos autos que a utilização do *slogan* ADMINISTRAÇÃO POPULAR vem sendo utilizado pela Administração Municipal desde o início de 1997, com o fim específico de implantar e divulgar a forma de cooperação entre a sociedade e o município, na mesma linha de atuação das

---

[327] TJRGS, Apelação Cível nº 70001576339, 3ª Câmara Cível, rel. Des. Augusto Otávio Stern, j. em 8.3.01.

anteriores administrações, as quais também se utilizavam de slogans semelhantes.

Vislumbra-se, ainda, que a publicidade guerreada, diferentemente do coibido em lei, não caracterizou promoção pessoal da Administração Pública, estando dentro dos limites legais e do caráter essencialmente informativo.

Não é por demais salientar-se que a administração pública tem o dever – e não o direito – de informar a sociedade sobre a realização de obras de interesse geral, de fazer publicidade de seus atos, sem utilizar-se para tal fim símbolos imagens ou letras que vinculem a propaganda à pessoa do Prefeito ou de qualquer servidor públicos, como no caso vertente.

A análise de toda a documentação acostada à inicial bem demonstra que não houve a realização de denominada propaganda pessoal ou eleitoral, ao contrário, as peças existentes demonstram que o Prefeito Municipal procurou introduzir uma cultura de bem informar à população.

A propósito do tema, vale relembrar que uma simples passagem pelo centro de Porto Alegre, proximidades da Santa Casa de Misericórdia, trará a imagem de dezenas de veículos – ambulâncias – provindas do interior do estado trazendo pacientes para exames ou internação neste nosocômio, constando em todos eles, geralmente nas portas, o nome do município e o *slogan* adotado pela administração pública, independentemente do partido que está no poder. E não se vá afirmar que a ambulância não estava prestando relevante serviço público.

O acórdão em foco não considerou que o dístico "Administração Popular" se constituísse em símbolo do Partido dos Trabalhadores, ou da coalização de partidos que compunha a "Frente Popular", nome da coligação que, ao vencer a eleição, empolgou o poder e, tampouco das pessoas que os compunha. Considerou o *slogan* igual a outros tantos que já foram utilizados em governos passados, tais como "Leve o Rio Grande no peito", "A força que vem do povo", ou, ainda, "Um Estado para todos", *slogans*, respectivamente, dos governos do PMDB, do PDT e, novamente, do PMDB. Aqui também, a exemplo da decisão anterior (AC nº 595154378), analisou-se uma "prestação de contas" ao qual se adicionava o *slogan* "Administração Popular" e considerou-se que esta apenas continha material informativo, mencionando o relator que "não há propaganda institucional sem a oferta das realizações respectivas de uma administração pública". Nesse julgado, vê-se nitidamente a idéia segundo a qual é inerente ao regime representativo-democrático dar conta das realizações e, conseqüentemente, de beneficiar-se o administrador indiretamente pela publicidade.

Ainda há um aspecto que merece algum comentário, relativamente a essa questão, na linha dos votos que julgaram improcedentes os pleitos que buscavam a caracterização do *slogan* "Administração Popular" como publicidade pessoalizada. Além do que se afigura inviável se apontar atendimento das promessas eleitorais sem oferecimento de informações acerca das obras – as "prestações de contas" –, não se pode olvidar que a convivência em um regime de democracia representativa implica em se tolerar a possibilidade de a Administração demonstrar também que vem atendendo a orientação política e o programa defendidos nas eleições. Por outras palavras, também devem as decisões judiciais em torno do tema ponderar o princípio democrático. Do contrário, ter-se-ia que admitir que toda a informação produzida pelos meios de comunicação é obra de imparcialidade política, o que também seria ingenuidade. Como se trata de ponderação, destarte, é imperioso se afirmar também que essa possibilidade trazida pelo princípio democrático *não é porta aberta para proselitismos e abusos*. Embora essa tese seja, no nosso sentir, perfeitamente defensável à luz da principiologia constitucional, em especial do Estado Democrático de Direito, reconhece-se a dificuldade de uma razoável aplicação, uma vez que a nossa tradição política, como já se afirmou alhures, é de patrimonialismo, de confusão entre público e privado e de desrespeito aos princípios da administração pública.

4.4.3. Administração "Novo Tempo"

Em ação civil pública, movida pelo Ministério Público, o Prefeito e o Vice-Prefeito de Itaqui-RS foram demandados pela prática de improbidade administrativa, por terem inserido, em informes publicitários, consistentes em "prestações de contas" de aproveitamento de diárias que estavam sendo alvo de discussão na Câmara Municipal, bem como em revista, o *slogan* "Novo Tempo", além de se utilizarem da expressão "Administração Novo Tempo", em programa de rádio, tudo custeado pelo erário, para se referir ao modo de governo, o que configuraria promoção pessoal.[328] Além disso, em programa de rádio, um dos demandados mencionou que estaria sendo implantada uma ação administrativa proposta pelo partido, o que implicaria, da mesma maneira, propaganda político-partidária custeada pelos cofres públicos. O acórdão foi assim ementado:

Ação civil pública. Publicidade.
Não ofende o art. 37, § 1º, da CF, e nem a Lei nº 8.429/92, a colocação de

---

[328] TJRGS, Reexame Necessário e Apelação Cível nº 596121277, 2ª CCível, rel. Des. Arnaldo Rizzardo, j. em 13.11.96.

expressões apenas caracterizadoras de programa de governo, em publicações municipais.
Recurso procedente, para julgar-se improcedente a ação.

Do voto do relator merece transcrição:

Ora, divulgar uma meta governamental, inspirada ou não do partido político, nada revela de ímprobo, de promoção pessoal, de sacrílego aos cânones da impessoalidade da administração.

É comum nas administrações, tanto de entes políticos soberanos como de órgãos estatais subordinados, a divulgação das metas almejadas, ou a proposição de programas administrativos. Assim, desde já, é afirmado que o aditamento dá uma interpretação exagerada e forçada a um fato comum e normal.

Com este enfoque desenvolvido até o momento, e volvendo às imputações da inicial, a grande premissa assenta-se na utilização de frases-padrão, ou de *slogans,* colhidos em um inflamado discurso proferido pelo Prefeito, em uma concentração popular, logo depois de proclamada a sua vitória eleitoral.

E afirma-se que nada há de anormal, de escandalizante, de ilegal, de ofensa aos dispositivos da Constituição Federal a marca da administração através de frases.

Em outras oportunidades já me manifestei a respeito, como em volumoso processo envolvendo a administração municipal de Porto Alegre.

Mas, o que pareceu mais grave ao julgador, a aposição de expressões identificadoras de uma linha política de ação, no caso das frases já transcritas, não constitui, na verdade, uma infração ao art. 37, § 1º, da Carta Magna. Vejam-se os termos do cânone: "A publicidade dos atos, programas, obras, serviços e campanhas dos órgãos públicos deverá ter caráter educativo, informativo ou de orientação social, dela não podendo constar nomes ou imagens que caracterizem promoção pessoal de autoridades ou servidores públicos".

Os *slogans* acima epigrafados não trazem qualquer indício de promoção pessoal dos administradores ou do servidor público. Simplesmente revelam uma linha política, uma filosofia de administração. Não caracterizam, outrossim, um partido político, já que possível a sua adoção por qualquer cidadão ou responsável por gestão de bens ou de governos. Há uma linha programática para a qual se dirige um governo.

Nos últimos tempos, realmente os governos têm se orientado dentro de uma filosofia ou um programa, procurando imprimir nas consciências e nas mentes a característica que os marca. Com isso, os cidadãos ou governados sabem conscientemente eleger seus administradores. Podem optar pelo programa que melhor atende aos interesses preponderantes no momento histórico das mudanças de governos.

Tal faz parte do próprio jogo democrático. Diante das várias correntes de linhas políticas, parece normal a preponderância para setores particularizados, que merecerão a atenção, se guindado ao poder o partido político.

Sempre há metas, objetivos, programas, ideais a que se propõem as pessoas em qualquer empreendimento ou atividade que assumem. Projeta-se uma linha de ação, que será seguida e marcará a gestão ao longo do tempo. Os partidos políticos e mesmo as pessoas possuem uma filosofia um embasamento sociológico na maneira de ser e de agir, mostrando-se norma que exponham os projetos dentro da concepção governamental que defendem.

Como se vê, a argumentação é a mesma que levou à improcedência ou aos votos pela improcedência das ações que objetivaram a impugnação do *slogan* "Administração Popular".

4.4.4. *Nomes*, slogans *e imagens*

Em julgado proferido em ação popular, movido contra o Município de Pelotas-RS e o então Prefeito, objetivando a vedação do uso do *slogan* "Estamos fazendo um Governaço", bem como o ressarcimento das despesas com a publicidade ilegal.[329] Questionaram os autores populares, além do *slogan* e do texto personalista e promovedor da pessoa do Prefeito, bem como a publicação da sua foto. Assim ficou redigida a ementa do julgado:

> Ação Popular.
> Publicidade ilegal e lesiva. Cerceio à defesa. Inocorrência. Publicidade ofensiva à norma do § 1º do art. 37 da CF, com a inserção de fotografia do Prefeito Municipal e de *slogan* a caracterizar promoção pessoal do condutor político, paga pelos cofres do Município. Presente o binômio ilegalidade-lesividade. Apelo improvido. Excluído, em reexame, da condenação o Município.

Consideraram os julgadores, em acórdão unânime, que a publicação fora pessoal, tendo em vista que a fotografia identificaria o governante, e o *slogan*, o método de governo e a ideologia, o que seria defeso na publicidade institucional. O núcleo da argumentação foi assim vazado:

> Indubitavelmente, a matéria publicada na coluna da direita da p. 23 do jornal "Zero Hora", de 29.3.90, infringe duplamente a norma do § 1º do art. 37 da CF: pela inserção dos dizeres, ao alto, de 'Pelotas 90' e, embaixo, o *slogan:* 'Estamos fazendo um Governaço" e da fotografia do Sr. Prefeito Municipal Anselmo Rodrigues (...).
> Em primeiro lugar, a inclusão do *slogan e a* fotografia do Prefeito agridem o princípio constitucional da impessoalidade da Administração Pública, pois a fotografia identifica o governante e o *slogan, o* método de governo do agente político e sua ideologia, quando a Administração Pública não pertence a este ou àquele partido ou agente políticos.
> A falta de inserção do *slogan e* da fotografia do Chefe do Executivo em nada

---
[329] TJRGS, Apelação Cível nº 593074768, 1ª CCível, rel. Des. Celeste Vicente Rovani, j. em 19.10.93, publicada na RJTJRGS, 162, 365-330.

prejudica a publicidade do programa de Governo; ao contrário, desvincula-se desse ou daquele dirigente político.

A propaganda em tela não visa apenas a dar conhecimento aos cidadãos do Município o programa de obras da Administração, mas sobretudo a promoção pessoal do Prefeito Municipal, pois, além da fotografia, o nome de "Anselmo Rodrigues" é citado no contexto da publicidade por seis vezes. O preâmbulo – "Pelotas 90" – a fotografia do Prefeito Municipal e o *slogan* "Estamos fazendo um Governaço" ocupa mais de um quarto da publicidade.

Não há dúvida de que o que levou à consideração segundo a qual a publicidade impugnada era de promoção pessoal em face da utilização de diversos modos de comunicação: a imagem, o *slogan* e o próprio texto. Quanto ao *slogan* ("Estamos fazendo um Governaço"), revela ele, por si só, a intenção de autopromoção, pela utilização da 1ª pessoa do plural, que inclui o emissor da mensagem o qual estaria fazendo um governo "grandioso", pela utilização do substantivo no superlativo (com a utilização do sufixo "aço").

4.4.5. Slogan *e imagens*

No julgamento do recurso interposto de sentença proferida em ação popular movida contra o Estado do Rio Grande do Sul, contra o Governador e vários demandados, foi expressamente utilizado o "critério da ênfase", adotado em precedente do STJ.[330] Questionava-se farto material publicitário, com utilização de *slogan* e imagens, em vários meios de comunicação social. Divergiram os julgadores, relativamente às matérias que continham publicidade personalizada, valendo ressaltar, além do mencionado "critério da ênfase", a divergência formulada por um dos julgadores, posicionando-se contra a validade de tal critério quando a publicidade se utilizasse de nomes, símbolos ou imagens, o que já a qualificaria de indevida. Entendeu o julgador autor do voto discordante que a utilização dos meios indicados na norma constitucional (nome, símbolo ou imagem) já haveria presumivelmente a promoção pessoal, independentemente da "ênfase", na pessoa ou na obra realizada.[331] A ementa foi assim redigida:

CONSTITUCIONAL. AÇÃO POPULAR. PUBLICIDADE. Não constitui publicidade ilícita nos termos do parágrafo 1º do artigo 37 da CF, a publicidade que

---

[330] TJRGS, Apelação Cível nº 597112994, 1ª CCível, rel. Des. Tupinambá M. C. do Nascimento, j. em 23.12. 98.
[331] O autor do voto discordante provia em menor grau o julgado singular, considerando uma gama maior da publicidade impugnada.

contendo *slogan,* em letras diminutas e significando um mínimo de espaço na publicação inquinada, dá ampla ênfase a obras e serviços, representando o *slogan* nela inserido uma simples idéia de cidadania, que não identifica partidos ou administradores. IMAGENS. A fotografia do administrador em tais publicidades, em inclusão agigantada e de fácil identificação, tem a conotação significativa de promoção pessoal indevida, conforme os termos do artigo 37, § 1°, da CF.
Apelação provida em parte.

O *slogan* em questão era "Leve o Rio Grande no peito", que não foi reputado induzidor de promoção pessoal por "não significar personalismo, mas uma idéia de cidadania", segundo as palavras do relator. Por outro lado, parte do material publicitário foi considerado pessoalizado por conter ênfase na pessoa do Governador, sendo secundário o caráter informativo, no caso, prestação de contas, o qual levava inclusive a assinatura do Chefe do Executivo. Constou do voto dissonante, além da questão relativa à parcial discordância com o critério da "ênfase", a discordância quanto à impessoalidade do *slogan*, uma vez que este esteve associado a outros meios autopropagandísticos, como também a alusão segundo a qual não há interesse educativo, informativo ou de orientação em divulgar uma determinada obra, iniciada com intuitos eleitoreiros. Disse o julgador prolator do voto dissonante:

Entendo que o preceito constitucional em duas partes básicas: *uma*, liga a propaganda ao *fim útil*, ou seja, para educar, informar ou orientar a sociedade, de tal modo que, se a divulgação, seja qual for o ato ou obra, não for hábil para educar, informar ou orientar a sociedade, ela cai automaticamente nas malhas da vedação: *outra*, parte impede que publicidade capaz de promoção pessoal da autoridade ou do servidor público.

Nesta segunda parte, a Constituição elegeu três elementos cuja presença por si só personaliza a publicidade: a presença de nome, símbolo ou imagem. São elementos aos quais o Constituinte tarifou o valor, e tem sentido exemplificativo, ou seja, não ficam excluídas outras situações que, pelas circunstâncias, igualmente revele a promoção pessoal, mesmo sem nome, símbolo e sem imagem.

Assim, quando o § 1º veda o uso de nomes, símbolos e imagens *que caracterizem* promoção pessoal, não esta admitindo que o governante faça constar o seu nome, desde que não haja ênfase, por exemplo, 'Governo Borges de Medeiros"; não está admitindo a presença de símbolo que identifique o governante, desde que não haja ênfase, por exemplo, e para usar o exemplo dado por Cretella, a vassoura em relação a Jânio Quadros; não está admitindo a presença de imagem do governante, como é o caso da fotografia, desde que não haja ênfase. A imagem, como diz Cretella, vale por mil palavras, e nós sabemos que na época da mídia eletrônica é exatamente isso. Tenho que, independentemente da ênfase, basta a presença de nome, imagem ou símbolo que identifique a pessoa da autoridade ou servidor publico, ou – diria

melhor – que se relacione à pessoa do governante ou ao seu partido político – e não à finalidade educativa, informativa ou de orientação social.
Por isso, máxima vênia, Sr. Presidente, embora Vossa Excelência refira decisão do STJ, publicada no DJU de 30-08-93, p. 17.255, da qual foi relator o Min. José de Jesus Filho, penso que o *princípio da ênfase* relativamente ao nome, ao símbolo e à imagem não merece acolhida. Presente qualquer deles, desimporta o tamanho ou o destaque, a publicidade tem caráter de promoção pessoal. Não desconsidero o principio da ênfase, mas para situações outras, como veremos. E penso que assim deve ser compreendido o texto constitucional porque basta a presença desses elementos na publicidade para que haja uma comunicação pessoal, para que haja uma lembrança pessoal, sem que seja necessário medir, pelo princípio da ênfase, a intensidade dessa comunicação ou da lembrança.
Se é normal na publicidade o *marketing,* como técnica para atingir o público-alvo e para garantir o bom êxito do produto ou serviço no mercado, no caso da administração publica, para atingir as finalidades educativa, informativa e orientadora, com a tese de que é necessária ênfase mesmo nos casos de nome, símbolo e imagem, estaremos admitindo a *merchandisin (sic),* que no fundo nada mais é do que uma comunicação subliminar. Coloca-se na publicidade, sem declaração ostensiva, um produto estranho a ela, que transmite outra mensagem. E o que se chama de propaganda indireta, camuflada ou simulada. Por exemplo, na gravação de um filme, são usados veículos apenas de determinada marca; na cena de bar, aparece o rótulo da marca da cerveja. Não identifica apenas o produto, veículo ou cerveja, necessários para a gravação, mas identifica-se a marca, personaliza-se o produto. Na administração pública, identifica-se a pessoa da autoridade ou do servidor.
(...)
Quero deixar claro que, tanto o *slogan* quanto a frase, em si, não identificam a pessoa do administrador. O *slogan,* por sinal, de bom gosto, procura despertar o orgulho dos gaúchos em relação ao seu Estado, o que é algo sadio. Também eu, Sr. Presidente, como Vossa Excelência disse, levo o meu Estado dentro do meu peito. E isso não significa pertencer a este ou àquele partido político.
Acontece que o problema, no caso, é que tanto um quanto o outro, compondo aquelas publicidades manifestamente personalizadas, aliados a um texto longo e carregado de elogios ao governo, mais à época de campanha eleitoral ou imediatamente após, (lembremos que renunciou ao mandato para candidatar-se ao Senado, e foi eleito), são fatores objetivos que se inscrevem num conjunto de circunstâncias relevantes, que no final qualificam de personalizadas também essas divulgações, inclusive pelo modo massivo como foi feito. Repito: são propagandas afetadas pelo personalismo.
Mas, eminentes colegas, além disso – e aqui retorno à primeira parte do § 1º do art. 37, qual seja, o *fim útil* – a publicidade tem que ser hábil para educar, informar ou orientar a sociedade, de tal modo que ela, seja qual for o ato, obra ou serviço, não for hábil para cumprir pelo menos uma das finalidades constitucionais, toma-se publicidade ilícita, mesmo que não ocorra a promoção pessoal.

(...)
Aliás, a respeito da "Rota do Sol" é notória sua relação com a campanha eleitoral havida naquele ano. As obras foram iniciadas sem prévio estudo de impacto ambiental, e o resultado foi, depois das eleições, um processo na Justiça, e uma medida liminar concedida por esta Corte ordenando a suspensão. O desembargo, com aprovação das obras necessárias à preservação ambiental, só ocorreu recentemente, permitindo-se a continuidade, como é de conhecimento público. Não estou dizendo que a obra não seja necessária. Entendo que é, e muito. No entanto, e lamentavelmente, a pressa para iniciá-la numa época politicamente fértil, acabou por atrasá-la por quase uma década.

Qual o sentido educativo, informativo ou de orientação social na publicidade de uma obra que está sendo iniciada, ou que será iniciada? Nenhum, evidentemente. Então, a sua divulgação caracteriza proselitismo político. O pressuposto como destacou o egrégio Tribunal de Contas do Estado, e eu grifei, é a obra pronta, isto é, posta à disposição do povo, e a publicidade deve ser vinculada à educação, informação e orientação.

Esse posicionamento, expresso no voto acima transcrito, acolhe o ensinamento expresso por Judith Martins-Costa, já mencionado anteriormente,[332] no sentido de que a publicidade necessita, além de *não ser* pessoal, *ser* educativa, informativa ou orientadora. A argumentação caminhou no sentido de impugnar qualquer desses fins, na publicidade da rodovia. Por outro lado, de modo "mais rigoroso" que o entendimento ali consignado, reputa o julgador que a Constituição "tarifa" como ilegal a publicidade que fizer uso de nome, símbolo ou imagem.

Desse modo, assim procedendo, haverá, segundo ele, uma espécie de presunção *jure et de jure* de promoção pessoal, sem embargo de ser tal enumeração apenas exemplificativa, que poderá ser ampliada, em caso de outros recursos *que caracterizem promoção pessoal*. Não concordamos com esse entendimento, como já mencionamos anteriormente. O argumento segundo o qual qualquer nome, símbolo ou imagem não pode ser admitido, sob pena de permitir a propaganda "disfarçada", também não calha. Não se informa o que se fez, como se sabe, sem arrolar as obras. Não há como falar na Mona Lisa, sem lembrar Da Vinci. Sempre haverá um benefício indireto, é ingenuidade não admiti-lo. Para não reiterar toda a argumentação que já foi antes explicitada, aduz-se, mais, que diante de uma interpretação que se pretende principiológica, não há espaço para se falar em "tarifamento".[333] Por outro

---

[332] *Publicidade e ação administrativa*, p. 13-16.

[333] De certa maneira, a nosso ver, a tentativa de encontrar uma teorização que saia de uma hermenêutica principiológica e "amarre" a decisão judicial a um juízo do tipo "tudo ou nada", inerente à interpretação das regras (e não dos princípios) pode ser uma dificuldade do nosso

lado, a dogmatização levada a efeito pelo dito "critério da ênfase", a nosso entender, revelou-se minimamente satisfatório, tendo em vista as dificuldades inerentes a uma hermenêutica principiológica.

4.4.6. Revistas, livros, editoriais e slogan

Discutiu-se, em ação civil pública por improbidade administrativa, ajuizada pelo Ministério Público, contra o ex-Governador do Estado do Rio Grande do Sul e a ex-Secretária da Educação, a violação do art. 37, § 1º, da CF, "já que presente em revistas e livros destinados ao ensino, um conjunto de estratégias de divulgação pessoal utilizado pelos recorridos, incluindo a inserção de *slogans*, de seus nomes e respectivos cargos à época, como âncora de abertura" de várias publicações listadas no processo, "bem como subscrição de alguns editoriais pela ré, na condição de Secretária de Educação".[334] O acórdão manteve a sentença monocrática de improcedência, nos seguintes termos:

> Apelação Cível. Constitucional e Administrativo. Ação Civil Pública. Improbidade Administrativa. Estado do Rio Grande do Sul. Publicidade e Promoção Pessoal de Agentes Políticos e Servidores Públicos. Comprovada Prática Administrativa (Costume). Publicações de Caráter Educativo. Inexistência de Prova Referente à Promoção Pessoal. Sentença de Improcedência na Origem. Improvimento em Grau Recursal.

Entenderam os julgadores que o material promocional tivera cunho didático e informativo e, categoricamente, não continha promoção pessoal. Assim também o *slogan* "A força que vem do povo", utilizada nas publicações. De qualquer modo, o que parece interessante, como objeto de estudo, é o argumento segundo o qual se trata de costume administrativo, ou prática corrente, no âmbito das administrações federal, estadual e municipal, publicações de atos e programas governamentais. Vale registrar do voto do relator:

> Nesse passo, consoante bem o assinala a sentença, não se há que olvidar que é uma prática corrente, no âmbito das administrações federal, estadual e muni-

---

sistema baseado na lei, e não no precedente, ou dos nossos operadores jurídicos, formados e acostumados a um positivismo legalista. Merece ser citado o capítulo oitavo do livro de Andreas Krell (*Direitos Sociais e Controle Judicial no Brasil e na Alemanha*, p. 71-75), onde o autor aborda o vezo "formalista" e "lógico-dedutivo" de nossos representantes das diferentes profissões jurídicas, o qual, embora em um contexto relativo à interpretação dos direitos fundamentais, tem integral aplicação no presente estudo, já que se está a tratar de interpretação e aplicação de normas-princípio, e não de normas-regra.

[334] Apelação Cível nº 70003683190, 4ª CCível, rel. Des. Wellington Pacheco Barros, j. em 29.5.2002.

cipal, publicações de atos ou programas governamentais, contendo os nomes dos seus responsáveis, não se apresentando, com essas atitudes, ato de improbidade administrativa.

(...)
Quanto às fotos dos réus em alguns livros, também não caracteriza a promoção pessoal, na medida em que os mostra em situações cotidianas da administração pública.

Não se pode olvidar, por exemplo, que o Diário Oficial do Estado já foi usado para a divulgação de fotos e feitos da atual administração estadual. O Diário da Justiça do Estado, depois que passou a ser impresso pelo próprio Poder Judiciário Estadual, não mais pela CORAG, divulga diariamente fotos de integrantes da administração do Tribunal de Justiça em situações do dia-a-dia, seja inaugurando prédios de novos foros no interior, seja recebendo visitas de personalidades ilustres como políticos, magistrados, representantes de países estrangeiros (embaixadores e cônsules), e, convenhamos, ninguém até hoje afirmou que isso caracterize promoção pessoal.

Por fim, também não caracteriza ofensa ao princípio da impessoalidade o fato de constar em alguns livros, na contracapa, impressa a expressão *A FORÇA QUE VEM DO POVO,* conhecido slogan da administração Alceu Collares.

Estamos inteiramente de acordo com o juízo que reputa válida a publicação institucional que contenha os nomes dos administradores, desde que não incorra em personalização, como já mencionado *supra*. Por outras palavras, não serão somente os nomes publicados que irão caracterizar o material publicitário como promoção pessoal. Esta consideração, como se sabe, depende da análise do referido material. Da mesma forma, não se pode divisar qualquer pessoalização nos termos do *slogan*. Quanto ao fato de ser "prática corrente" a publicação de atos e programas governamentais, no nosso entendimento, subjacente se encontra o argumento segundo o qual se admite tal conduta na democracia representativa.[335]

4.4.7. Filme de televisão e slogan

Ajuizou o Ministério Público ação civil pública por ato de improbidade administrativa contra o Prefeito de Carazinho-RS, por ter ele contratado e veiculado em órgão de imprensa regional publicidade de obras realizadas em sua administração.[336] Nesses termos, constou da ementa:

---
[335] *Cfe.* Item 4.4.2.
[336] TJRGS, Apelação Cível nº 70000532739, 2ª CCível, rel. Des. Maria Isabel de Azevedo Souza, j. em 12.4.00.

Improbidade Administrativa. Publicidade. Slogan. Televisão. Filme. Limites Finalísticos e Formais. Promoção Pessoal. Sanções Alternativas.
1. Configura ato de improbidade administrativa a publicidade – exibição de filme na televisão – que, recorrendo a *slogan* vinculado a determinado governo, visa à promoção pessoal do Prefeito ao louvar as obras e atividades realizadas em período de sua gestão. Publicidade que por não ter caráter educativo, informativo ou de orientação social infringe o § 1º do art. 37 da Constituição Federal.
2. (...)
Recursos desprovidos.

Neste julgado, reputou o órgão colegiado que a publicidade – prestação de contas veiculada em televisão – não continha caráter educativo, informativo ou de orientação social, porque já era de conhecimento dos munícipes, cujo acesso não estava restrito à Administração Pública, mas destinava-se a louvar os atos praticados pelo Prefeito. Além disso, a forma utilizada – *slogan* "Governo participativo de Carazinho" – teria, na exibição das obras, identificado o governo do Chefe do Executivo. Não nos parece que o *slogan*, por si só, conduza à pessoalização. Os termos em que está ele vazado não indica pessoalização ou grei partidária. Tampouco a condição de ter se dado uma prestação de contas indica, somente por isso, fim não-informativo. Restaria analisar, e não é possível nos limites deste trabalho, verificar os termos em que foi elaborado o filme publicitário, que poderia levar à promoção pessoal, se constituísse auto-elogio ou louvação da autoridade. A presente decisão considerou a tese binária, segundo a qual a regra do art. 37, § 1º, da CF, confere dois limites à publicidade, um referente à finalidade (caráter educativo, informativo e de orientação social) e outro à forma (não constar nomes, símbolos ou imagens que importem em promoção pessoal). Todavia, quando analisou a finalidade, concluiu, de pronto, que "a publicidade destina-se a louvar" a administração do demandado, o que deveria ser analisado pelo "limite formal". Como se vê, uma dogmática de matriz legalista não fornece uma argumentação logicamente adequada.

4.4.8. Símbolos (logotipos e siglas)

Foi objeto de ação popular, ajuizada contra o Prefeito e o Presidente de empresa pública do Município de Sorocaba-SP, impugnação de publicidade oficial realizada com os símbolos dos demandados, na imprensa e na televisão.[337] Entenderam os julgadores que, com o uso

---
[337] TJSP, Apelação Cível nº 232.433-1, 4ª Câmara Civil de Férias, rel. Des. Olavo Silveira, j, em 22.2.96, JTJ-LEX 182, 13-16.

destacado dos logotipos e da imagem do segundo, encarregada da publicidade a mesma empresa responsável pela campanha do Prefeito, ficava evidenciado o interesse promocional eleitoral. O aresto recebeu a ementa seguinte:

> Ação popular – Despesas de publicidade envolvendo caráter de propaganda eleitoral, com uso de logotipo particular – Desnecessidade da propaganda por envolver obras apenas projetadas – Favorecimento pessoal de candidato a Prefeito – Verbas pagas pela Administração Pública – Sentença de improcedência – Recurso provido.

Considerou-se, mais, *de pouca razoabilidade* a publicação, em aplicação do princípio da proporcionalidade ou razoabilidade, não admitido expressamente, tendo em vista a ausência de valor informativo, já que se tratava de obra projetada. Vale colacionar excerto do voto do relator:

> No caso dos autos, verifica-se que a matéria visou à divulgação de um projeto futurista, onde a presença do logotipo do Prefeito Municipal, utilizado durante a campanha eleitoral precedente, se mostrou evidente, deixando manifesta a pouca razoabilidade da propaganda, desvinculada de interesse publico imediato e, muito embora sem referência a nomes, a sugestiva colocação, abaixo dos textos, dos logotipos do Prefeito e do Presidente da Urbes, denotam que houve deliberada intenção de ligá-los às pessoas respectivas.

Também envolvendo pessoalização por meio de elemento simbólico, podem ser trazidos os dois arestos seguintes.

Dando provimento a agravo de instrumento interposto em ação civil pública, acolheu o Tribunal de Justiça paulista a alegação segundo a qual o Prefeito de Santa Cruz do Rio Pardo estaria fazendo propaganda pessoal implícita, ao usar como símbolo da sua administração um sol formado por várias letras "M", inicial do seu nome e apelido.[338] Importa também ressaltar, desse julgado, que teve importância para a conclusão a que chegou o órgão julgador material relativa ao procedimento de elaboração do material publicitário, originário do profissional por ele responsável:

> Na espécie, a afirmativa básica do recurso, de que o símbolo adotado pelo agravado, um sol cujos raios formam a letra "M", inicial do nome "Manuel" e do apelido "Manezinho", encontra eco nos elementos submetidos ao respeitável Juízo *a quo,* tal como se colhe, não só *ictu oculi* do documento de fls. 54, publicação do periódico "Debate", edição de 17.9.95, em especial da fotografia nele reproduzida, como também pelo teor do bilhete atribuído ao publicitário

---
[338] TJSP, Agravo de Instrumento nº 17.505-5, 2ª Câmara de Direito Público, rel. Des. Marrey Neto, j. em 10.9.96, JTJ- LEX 190, 177-181.

> Fábio Ladeira, criador do símbolo, ao lembrar que "os raios do sol... sutilmente formam letras 'M'".

Também em ação civil pública movida pelo Ministério Público, desta feita contra o Prefeito de Santa Adélia-SP, entendeu o órgão julgador que consistia propaganda pessoal a utilização da sigla "D & S" em viaturas, logradouros, placas de obras, etc.[339] Esta é a ementa:

> *Direito Constitucional e Administrativo* – Publicidade por meio de inserção de sigla que caracteriza promoção pessoal do Prefeito – Ilegalidade da conduta – Condenação na obrigação de retirar, às suas custas, a sigla aposta em bens públicos – Sanções por improbidade administrativa que devem ser sopesados em cada caso concreto – Inexistência de má-fé ou de desonestidade – Apelação do réu provida, em parte, desprovido o recurso do Ministério Público.

O Chefe do Executivo utilizava a sigla seguida do slogan "Desenvolvimento Sempre" como se aquela fosse apenas a abreviatura deste. A Corte, entretanto, julgou que se tratava de "evidente coincidência com as iniciais do Prefeito", nesses termos:

> É de resplandecente evidência que a sigla D&S – Desenvolvimento Sempre, caracteriza promoção pessoal do Prefeito, visto que coincide com as letras iniciais de seu nome Darcy Simões. Não há necessidade de binóculo de longo alcance para constatar que as duas letras D&S se referem ao nome do Chefe do Executivo Municipal e sua inserção em veículos públicos municipais, logradouros públicos, placas de obras públicas ou contratadas pela Administração e no solo contraria a norma constitucional que proíbe promoção pessoal da autoridade. Há formas sutis de propaganda tal como aquela veiculada pela rádio BBC, durante a Segunda Grande Guerra. Tanto na abertura como no encerramento de suas transmissões ela executava a Quinta Sinfonia de Beethoven, cuja melodia ficou célebre pela repetição das quatro notas, três curtas seguidas de uma longa que, no código Morse, corresponde à letra "V". Ora, todos conheciam o gesto do Primeiro-Ministro da Inglaterra, Churchill, que, em suas aparições públicas, sempre exibia com os dedos indicador e médio estendidos e separados, a letra "V", querendo indicar a vitória sobre a Alemanha nazista. A utilizada pelo Prefeito do Município de Santa Adélia é mais direta e prontamente identificável, pois reproduz as letras iniciais de seu nome. Neste ponto, afigura-se correia a decisão que o condenou na obrigação de fazer, consistente em retirar a sigla D&S de todo local público em que ainda estiver inserida, às suas expensas.

4.4.9. Anúncio de encaminhamento de projeto de lei

O Tribunal de Justiça de São Paulo julgou, em embargos infringentes, improcedente ação popular que objetivava atribuir a condição

---
[339] TJSP, Apelação Cível nº 60.636-6, 1º Câmara de Direito Público, rel. Des. Luiz Tâmbara, j. em 3.2.00, JTJ-LEX 229, 123-126.

de publicidade irregular a anúncio veiculado na imprensa, no qual a Prefeitura de São Paulo anuncia que enviou à Câmara Municipal projeto de lei que instituía a chamada "Tarifa Zero" para os transportes coletivos, que propunha também aumento de IPTU.[340] Alegou-se que tal anúncio visava a beneficiar os candidatos do partido da Prefeita, nas eleições próximas, o que era evidenciado pela data da publicação, três dias antes do pleito, e pelo conteúdo da proposta. O voto condutor da maioria[341] não encontrou "caráter eleitoreiro" na publicação, que foi veiculada após o envio do projeto de lei, o qual, a seu turno, foi apresentado na data legal. Ademais, o anúncio não inseriu o nome da Prefeita e encerrou com *slogan* impessoal, lema da administração. Além disso, considerou que a pretensão popular era ideológica, no sentido de que pregava politicamente tese oposta ao projeto de lei. Vale a transcrição:

> O informe transcrito às fls. 3, junto à petição inicial, pode ter discutido o seu sentido didático ou quanto à própria qualidade didática. Entretanto, de observar é que, em momento algum inseriu o nome da Senhora Prefeita. Inicia-se com um "a Prefeitura encaminhou projeto à Câmara...", encerra-se com a expressão "São Paulo para todos" e, finalmente, "Prefeitura do Município de São Paulo".
> No texto faz menção à quantidade de viagem para servir usuários de transporte. Refere-se aos custos. Aponta dados como trânsito e a poluição. Indica o que pretende a Municipalidade quanto ao número de coletivos a serem colocados em circulação. Esclarece que o projeto foi apresentado dia 28 de setembro, conforme o prazo determinado por lei.
> Com a máxima vênia, difícil é encontrar no texto algo que possa levar à presunção do caráter eleitoreiro, ou que possa ser concebido como "desvio de finalidade".
> É evidente que, ideologicamente, poderiam ser objetivados outros programas que não o da tarifa zero. Mas, deve ser deixado bem claro que São Paulo não seria a primeira metrópole a adotar tal sistema, sequer pioneira ou original a idéia assumida pela Administração Municipal anterior.
> E dizer que o único interesse na publicação era a promoção da própria Prefeitura e de seu partido é tomar uma simples conjectura como algo representativo da verdade de uma afirmação.
> Nenhuma presunção nesse sentido pode ser adotada. Qualquer presunção estará a revelar, como a máxima vênia, postura ideológica oposta àquela que norteou a criação do programa.
> (...)
> A leitura dos autos está a patentear a possibilidade que existe, principalmente no campo do direito, de vir o intérprete a extrair ilações que possam corresponder

---

[340] TJSP, Embargos Infringentes nº 156.487-1, 8ª Câmara Civil, rel. Des. Fonseca Tavares, j. em 24.3.93.
[341] Houve dois votos divergentes.

até mesmo à sua postura ideológica.
Realmente, com a máxima vênia, não houve, patenteados nos autos, um desvio de finalidade, ou a prática de um ato lesivo ou ilegalidade, principalmente a se ter em conta os dados exuberantes apresentados pelos embargantes e pelos órgãos do Ministério Público. Os primeiros discutiram muito corretamente a questão da exigência que se impõe aos Administradores de elucidarem eleitores, contribuintes e a população em geral daquilo que pretendam fazer e do porquê pretendem fazer.

Neste julgado, observa-se, nitidamente, a preocupação do julgador em não movimentar a sua valoração pessoal, seus pré-conceitos e as suas convicções político-ideológicas, de modo a não influenciar no julgamento.

4.5. Breves conclusões acerca da jurisprudência comentada

Como um breve inventário de conclusões, relativas a esse capítulo, pode ser observado que:

(i) de modo geral, as decisões, ainda que não se refiram expressamente, fazem uma ponderação dos princípios constitucionais em concreto, ainda que não tenham uma fundamentação clara a respeito da metódica utilizada;

(ii) alguns julgados, em menor grau, utilizam como fundamento a razoabilidade ou, ainda, a ponderação, já vislumbrando os julgadores que não estão em condições de julgar amparados em uma dogmática à moda do positivismo legalista;

(iii) ainda há uma acentuada tendência a recorrer a juízos formalistas, mais próprios das regras e menos dos princípios, mesmo que isso não se revele de pronto adequado para a solução reclamada.

Essa última conclusão nos remete a outra questão já observada anteriormente, relativamente à dificuldade de nossos operadores jurídicos, notadamente os juízes, concretizadores últimos das normas jurídicas, em lidar com uma constitucionalidade material e, portanto, os princípios constitucionais. Como os princípios são "conteúdos em oposição à forma",[342] a hermenêutica tradicional, mais própria para a solução de questões que do tipo "subsunção da norma ao caso concreto", não oferece um referencial teórico que possa, nesses termos, opor-

---
[342] ESSER, Josef. Princípio y norma, p. 65.

tunizar uma argumentação jurídica logicamente convincente. Por conseguinte, os julgadores, mesmo diante da impossibilidade de assim procederem, conscientemente ou não, escondem os fundamentos retóricos e axiológicos das decisões, forçando, muitas vezes, juízos formalistas, como se tanto fosse necessário para legitimar a decisão aos olhos da sociedade. Em conseqüência disso, a fundamentação acaba por não espelhar a razões da decisão, tornando-se obscura e, portanto, insindicável e inimpugnável em grau de recurso.[343]

Acredita-se que uma tal mudança passa pela reformulação do ensino jurídico, notadamente pelas escolas institucionais, que ministram os cursos oficiais de preparação e aperfeiçoamento para a carreira da magistratura, de que trata o art. 93, IV, da Constituição Federal.

---

[343] Igual conclusão é a que chega Daniel Sarmento, *Os princípios constitucionais e a ponderação de bens*, in "Teoria dos Direitos Fundamentais", TORRES, Ricardo Lobo [org.], p. 86-87.

Conclusões

A seguir, passamos a enumerar, sinteticamente, as conclusões a que o presente estudo chegou, separadas por capítulos:

1) O princípio da impessoalidade é uma concretização dos princípios do Estado Democrático de Direito, da igualdade e da legalidade. Significa a ausência de subjetividade do administrador, que deve evitar a prática intencional de favorecimentos e de prejuízos ao cidadão (dimensão negativa), bem como velar para que todos os interesses, públicos ou privados, atingidos pela decisão, sejam considerados e valorados em seu agir (dimensão positiva). Nosso país não tem um culto pronunciado da impessoalidade, face às vicissitudes oriundas do período colonial, ainda presentes entre nós. A impessoalidade, como princípio autônomo e em maior medida, só mais recentemente passou a receber a atenção dos autores brasileiros, após a Carta Democrática de 1988, embora já fosse abordada nos estudos acerca dos princípios da igualdade, da legalidade ou da finalidade. O princípio da impessoalidade recebe tratamento como princípio da justiça natural, na Inglaterra, e como princípio da imparcialidade, na Europa Continental. Embora o princípio da impessoalidade venha, após a Constituição Federal de 1988, chamando mais a atenção, a sua dimensão positiva ainda é pouquíssimo tratada na literatura jurídica nacional.

2) O princípio da publicidade é inerente ao princípio da Estado Democrático de Direito e representativo: o governo democrático é aquele que é duplamente público: porque é de todos e é visível. O princípio da publicidade consubstancia-se no dever do administrador de ser transparente na máxima medida. O vernáculo, no uso corrente, não diferencia publicidade e propaganda. Os meios de comunicação de massa fizeram renascer a dominação carismática ou demonstraram que ela permanece e que as eleições são motivadas por outros fatores de

origem não-racional. O voto, na democracia representativa, funciona como a moeda na economia, de sorte que se pode falar em um "mercado político". Assim, assume relevo o chamado *marketing* político ou eleitoral, que segue as mesmas orientações teóricas do *marketing* comercial. Em vista disso, a maximização da publicidade é importantíssima para o Estado de Direito e para a democracia, e o seu estudo não pode ser desprezado.

3) O sistema jurídico não é fechado, axiomático-dedutivo, mas aberto, composto de princípios e regras. Nesse sistema, os princípios, como as regras, são dotados de normatividade, embora a sua interpretação e aplicação se dê de forma diferenciada daquelas. A hermenêutica tradicional, de formal-dedutiva, não está adequada à efetivação do direito nesse sistema, que exige, notadamente, a aplicação do princípio da proporcionalidade e/ou razoabilidade, ou seja, uma ponderação ou harmonização entre os princípios. A aplicação da regra do art. 37, §1º, da CF, uma vez que constitui, uma concretização dos princípios da impessoalidade e da publicidade, exige uma interpretação que tome em conta, além desses princípios, os estruturantes de todo o sistema, não dispensando a máxima da proporcionalidade. Essa condição está a demonstrar a necessidade de conscientização dos operadores jurídicos que a nossa Constituição, tendo instituído um Estado Democrático de Direito, comprometido com a realização efetiva dos direitos fundamentais, e, portanto, dos princípios nela contidos, não pode mais dispensar uma metodologia jurídica baseada na dimensão material, axiológica da Constituição, em que se admita expressamente a utilização dos princípios da proporcionalidade, da razoabilidade, da concordância prática e da técnica da "ponderação de bens". Conseqüente a essa positivação aberta, não há como se estabelecer *a priori*, a não ser em grandes linhas, critérios que antevejam qual publicidade será pessoalizada, senão no caso concreto. Como a pessoalização da publicidade é de difícil sindicabilidade judicial, a fase do planejamento da propaganda é importante para se perquirir a motivação e os fins da publicidade. Com isso, necessário reforçar a procedimentação das ações administrativas.

4) As decisões judiciais, implicitamente, e em raros casos expressamente, vêm utilizando o princípio da proporcionalidade e/ou razoabilidade. Entretanto, observa-se, muito freqüentemente, que a fundamentação vem escondida em argumentos de dogmática formalista-legalista. Com isso, observa-se a necessidade de uma "tomada de

posição" em prol da adoção expressa, como razão de decidir, do princípio da proporcionalidade e/ou razoabilidade. Como solução de médio prazo, vislumbra-se, também, a necessidade de modificação dos cursos jurídicos, de modo a permitir que haja a formação de operadores jurídicos aptos a manejar uma dogmática apta à concretização dos valores e princípios constitucionais, ou seja, que tome o sistema jurídico como aberto, composto por princípios e normas, sem a dispensa da proporcionalidade, da concordância prática e da ponderação de bens.

Referências Bibliográficas

ALEXY, Robert. *Teoría de los Derechos Fundamentales*. Trad. Ernesto Garzón Valdés. Madrid: Centro de Estudios Constitucionales, 1997.

ARISTÓTELES. *A Política*. Trad. Roberto Leal Ferreira, São Paulo: Martins Fontes, 1991.

ÁVILA, Humberto Bergmann. "A distinção entre princípios e regras e a redefinição do dever de proporcionalidade". *Revista Diálogo Jurídico*, Salvador, CAJ – Centro de Atualização Jurídica, v. I, nº 4, julho, 2001. Disponível em: http://www.direitopublico.com.br. Acesso em: 7 de agosto de 2002.

BACELLAR FILHO, Romeu Felipe. *Princípios constitucionais do processo administrativo disciplinar*. [s.l.], Max Limonad, 1998.

BANDEIRA DE MELLO, Celso Antônio. *Conteúdo jurídico do princípio da igualdade*. 3ª ed. São Paulo: Malheiros, 1999.

——. *Curso de Direito Administrativo*, 8. ed. São Paulo: Malheiros, 1996.

BARBOSA. Lívia. *O jeitinho brasileiro: a arte de ser mais igual que os outros*. 5ª ed., Rio de Janeiro: Campus, 1992.

BARBOSA, Márcia Noll. *O princípio da moralidade administrativa:* uma abordagem de seu significado e suas potencialidades à luz da noção de moral crítica. Porto Alegre: Livraria do Advogado, 2002.

BARROSO, Luís Roberto. *Interpretação e aplicação da Constituição*. 2. ed. São Paulo: Saraiva, 1998.

BASTOS, Celso Ribeiro. *Curso de Direito Administrativo*. São Paulo: Saraiva, 1994.

——. Publicidade dos atos estatais – princípios da legalidade, impessoalidade, moralidade e publicidade. *Cadernos de Direito Constitucional e Ciência Política*, nº 10, ano 3, jan./mar., 1995, p. 97-105.

BOBBIO, Norberto. *O futuro da democracia*. Uma defesa das regras do jogo. Trad. Marco Aurélio Nogueira. 6. ed. Rio de Janeiro: Paz e Terra, 1997.

——. *Teoria do ordenamento jurídico*. Trad. Maria Celeste C. L. dos Santos. 9ª ed. Brasília: Editora UnB, 1997.

BOLZAN DE MORAIS, José Luis. Constituição ou barbárie: perspectivas constitucionais. *In:* SARLET, Ingo Wolfgang (Coord.). *A Constituição Concretizada: construindo pontes com o público e o privado*, Porto Alegre: Livraria do Advogado, 2000.

——. *Do Direito Social aos interesses transindividuais:* o Estado e o Direito na sociedade contemporânea. Porto Alegre: Livraria do Advogado, 1996.

BONAVIDES, Paulo. *Curso de Direito Constitucional*. 7ª ed. São Paulo: Malheiros, 1997.

BRASIL. *Direitos Humanos: Instrumentos internacionais, documentos diversos*. 2ª ed. Brasília: Senado Federal, Subsecretaria de Edições Técnicas, 1996.

CAETANO, Marcello. *Manual de Ciência Política e Direito Constitucional*. 6ª ed. T. I, Coimbra: Almedina, 1996.

——. *Manual de Direito Administrativo*. 10. ed. Tomo I, Coimbra: Almedina, 1991.

——. *Princípios fundamentais do Direito Administrativo*. Coimbra: Almedina, 1996.

CANARIS, Claus Wilhelm. *Pensamento sistemático e conceito de sistema na ciência do Direito*. Trad A. Menezes Cordeiro. 2ª ed. Lisboa: Calouste Gulbenkian, 1996.

CASSAGNE, Juan Carlos. *Derecho Administrativo*. T. II, 6ª ed. Buenos Aires: Abeledo-Perrot, sem data.

CHAUÍ, Marilena. Cultura popular e autoritarismo. *In: Conformismo e Resistência: aspectos da cultura popular no Brasil*. 2ª ed. São Paulo: Brasiliense, 1987.

CIRNE LIMA, Ruy. *Princípios de Direito Administrativo*. 6ª ed. São Paulo: Revista dos Tribunais, 1987.

COLLINS COBUILD STUDENT'S DICTIONARY: BRIDGE BILINGUAL PORTUGUESE, London: Harper Collins Publishers, 1995.

COMPARATO, Fábio Konder. A democratização dos meios de comunicação de massa. *In:* GRAU, Eros Roberto & GUERRA FILHO, Willis Santiago (coords.). *Direito Constitucional: estudos em homenagem a Paulo Bonavides*, São Paulo: Malheiros, 2001, p. 149-166.

CONTI, Mário Sérgio. *Notícias do Planalto:* A imprensa e Fernando Collor. São Paulo: Cia. das Letras, 1999.

COUTO E SILVA, Almiro do. Serviço de publicidade – promoção pessoal – dispensa de licitação. *Revista de Direito Administrativo* – FGV, jul./set., 1999, Rio de Janeiro: Renovar, 1999.

CRETELLA JÚNIOR, José. *Comentários à Constituição Brasileira de 1988*. Rio de Janeiro: Forense, 1989.

——. *Curso de Direito Administrativo*. 14. ed. Rio de Janeiro: Forense, 1995.

——. *Tratado de Direito Administrativo*. V. X, Rio de Janeiro: Forense, 1972.

DALLARI, Adílson Abreu. Divulgação das atividades da administração pública – publicidade administrativa e propaganda pessoal. *Revista de Direito Público*, abr./jun., 1991, ano 24, São Paulo: Revista dos Tribunais.

DaMATTA, Roberto. *Carnavais, malandros e heróis:* para uma sociologia do dilema brasileiro. 6ª ed. Rio de Janeiro: Rocco, 1997.

DIÁZ, Elíz. *Estado de Derecho y Sociedad Democrática*. 8ª ed. Madrid: Taurus, 1988.

DI PIETRO, Maria Sylvia Zanella. *Direito Administrativo*. 8ª ed. São Paulo: Atlas, 1997.

DURANDIN, Guy. *La mentira en la propaganda y en la publicidad*. Barcelona: Paidós, 1992.

DUARTE, David. *Procedimentalização, participação e fundamentação:* para uma concretização do princípio da imparcialidade administrativa como parâmetro decisório. Coimbra: Almedina, 1996.

ENGISH, Karl. *Introdução ao pensamento jurídico.* 7ª ed. Trad. J. Baptista Machado. Lisboa: Calouste Gulbenkian, 1996.

ENTERRÍA, Eduardo Garcia. *Democracia, Jueces y Control de la Administración.* 4ª ed., Madrid: Editorial Civitas, 1998.

ESSER, Josef. *Principio y Norma en la Elaboración Jurisprudencial del Derecho Privado.* Trad. Eduardo Valentí Fiol, Barcelona: Bosch Casa Editorial, 1961.

FAORO, Raymundo. *Os donos do poder:* formação do patronato político brasileiro. 13ª ed. V. 1, São Paulo: Globo, 1998.

FERRAJOLI, Luigi. *Derecho y Razón. Teoría del garantismo penal.* Madrid: Editorial Trotta, 1995.

——. O estado constitucional de direito hoje: o modelo e sua discrepância com a realidade. *Revista do Ministério Público* nº 67, Lisboa: Sindicato dos Magistrados do Ministério Público, jul./set., 1996, p. 39 a 56.

FIGUEIREDO, Lúcia Valle. *Curso de Direito Administrativo.* 2ª ed. São Paulo: Malheiros, 1995.

FIGUEIREDO, Rubens *et alli. Marketing político e persuasão eleitoral.* São Paulo: Fundação Konrad Adenauer, 2000.

FORSTHOFF, Ernst. *Tratado de Derecho Administrativo.* Trad. Legaz Lacambra *et alii*, Madrid: Instituto de Estudios Políticos, 1958.

FREITAS, Juarez. *A Interpretação Sistemática do Direito.* São Paulo: Malheiros, 1995.

——. Do princípio da probidade administrativa e da sua máxima efetivação. *In: Revista de Direito Administrativo*, Rio de Janeiro, 204: 65-84, abr./jun., 1996.

——. *O controle dos atos administrativos e os princípios fundamentais.* São Paulo: Malheiros, 1997.

GARCIA DE ENTERRÍA, Eduardo & FERNÁNDEZ, Tomás-Ramón. *Curso de Direito Administrativo.* Trad. Arnaldo Setti. São Paulo: Revista dos Tribunais, 1991.

GIACOMUZZI, José Guilherme. *A moralidade administrativa e a boa-fé da administração pública*: o conteúdo dogmático da moralidade administrativa. São Paulo: Malheiros, 2002.

GIANNINI, Massimo Severo. *Derecho Administrativo.* Trad Luis Ortega. V. 1º, Madrid: Ministero para las Administraciones Públicas, 1991.

GUERRA FILHO, Willis Santiago. *Autopoiese do Direito na sociedade pós-moderna.* Porto Alegre: Livraria do Advogado, 1997.

——. *Processo constitucional e direitos fundamentais.* São Paulo: Celso Bastos, 1999.

GOMES, Neusa Demartini. *Formas persuasivas de comunicação política*: Propaganda política e publicidade eleitoral. Porto Alegre: EDIPUCRS, 2000.

GOMES CANOTILHO, José Joaquim. *Direito Constitucional e Teoria da Constituição.* Coimbra: Almedina, 1998.

GORDILLO, Agustín A. *Tratado de Derecho Administrativo.* T. II, Buenos Aires: Ediciones Macchi, 1991.

GRAU, Eros Roberto. *A Ordem Econômica na Constituição de 1988*: Interpretação e crítica. 3ª ed. São Paulo: Malheiros, 1997.

LEVINE, Robert M. *"Jeitinho" Land.* Disponível em: http://www.brazzil.com/blajan98.htm. Acesso em: 22 de outubro de 2000.

HABERMAS, Jürgen. *Direito e Democracia. Entre a facticidade e validade.* V. II. Trad. Flávio Beno Siebeneichler, Rio de Janeiro: Tempo Brasileiro, 1997.

HART, Herbert L. A. *O conceito de direito.* Trad. de A. Ribeiro Mendes, 2ª ed., Lisboa: Calouste Gulbenkian, [s.d.].

HELLER, Agnes. *Além da Justiça.* Trad. Savannah Hartmann. Rio de Janeiro: Civilização Brasileira, 1998.

HESSE, Konrad. *A força normativa da Constituição.* Trad. Gilmar Ferreira Mendes. Porto Alegre: Fabris, 1991.

———. *Elementos de Direito Constitucional da República Federal da Alemanha.* Trad. Luís Afonso Heck. Porto Alegre: Fabris, 1998.

HOLANDA, Sérgio Buarque. *Raízes do Brasil.* 26ª ed. São Paulo: Companhia das Letras, 1998.

JÈZE, Gaston. *Principios Generales de Derecho Administrativo.* T. III, Buenos Aires: Editorial DePalma, 1947.

KANT, Immanuel. *A paz perpétua.* A paz perpétua e outros opúsculos. Trad. Artur Morão. Lisboa: Edições 70 [s.d.].

———. *Resposta à Pergunta: Que é "Esclarecimento"? ("Aufklärung")*, Immanuel Kant: Textos seletos. Trad. Floriano de Souza Fernandes, Petrópolis: Ed. Vozes, 1985, p. 100 a 117.

KELSEN, Hans. *Teoria Pura do Direito.* 4ª ed. Trad. João Baptista Machado. Coimbra: Armênio Amado, 1979.

KRELL, Andreas J. *Direitos Sociais e Controle Judicial no Brasil e na Alemanha*: os (des)caminhos de um Direito Constitucional "Comparado". Porto Alegre: Fabris, 2002.

LEAL, Rogério Gesta. *Teoria do Estado*: cidadania e poder político na modernidade. Porto Alegre: Livraria do Advogado, 1997.

MANGABEIRA UNGER, Roberto. *O direito na sociedade moderna.* Contribuição à crítica da Teoria Social. Trad. Roberto Raposo. Rio de Janeiro: Civilização Brasileira, 1979.

MARTINS-COSTA, Judith. *A boa-fé no Direito Privado.* São Paulo: Revista dos Tribunais, 2000.

———. Publicidade e ação administrativa: uma interpretação do art. 37, § 1°, da Constituição Federal. *Revista do Ministério Público*, nova fase, v. 1, n° 26, Porto Alegre: Procuradoria-Geral de Justiça, 1992.

MARTINS JÚNIOR, Wallace Paiva. *Publicidade oficial: moralidade e impessoalidade.* São Paulo: Revista dos Tribunais, ano 83, jul., 94, p. 82-88.

MAURER, Hartmut. *Elementos de Direito Administrativo Alemão.* Trad. Luís Afonso Heck. Porto Alegre: Fabris, 2001.

MEIRELLES, Hely Lopes. *Direito Administrativo Brasileiro.* 16ª ed. São Paulo: Revista dos Tribunais, 1991.

MENDES, Gilmar Ferreira *et allii*. *Hermenêutica constitucional e direitos fundamentais*. Brasília: Brasília Jurídica, 2000.

MENEZES CORDEIRO, António Manuel da Rocha e. *Da boa fé no Direito Civil*. Coimbra: Almedina, 1997.

MIRANDA, Jorge. *Manual de Direito Constitucional*. T. I, 4ª ed. Coimbra: Coimbra Editora, 1990.

——. *Manual de Direito Constitucional*. T. IV, 2ª ed. Coimbra: Coimbra Editora, 1998.

MORAES, Germana de Oliveira. *Controle jurisdicional da administração pública*. São Paulo: Dialética, 1999.

MOREIRA NETO, Diogo de Figueiredo. *Curso de Direito Administrativo*. 11ª ed. Rio de Janeiro: Forense, 1997.

——. Moralidade administrativa: do conceito à efetivação. In: *Revista de Direito Administrativo*, Rio de Janeiro, 190: 1-44, out./dez., 1992.

MÜLLER, Friedrich. *Métodos de trabalho do Direito Constitucional*. 2ª ed. Trad. Peter Naumann. São Paulo: Max Limonad, 2000.

NOGUEIRA, Aurélio Buarque de Holanda. *Novo dicionário da Língua Portuguesa*. 2ª ed. Rio de Janeiro: Nova Fronteira, 1986.

OHLWEILER, Leonel. *Direito Administrativo em perspectiva*. Porto Alegre: Livraria do Advogado, 2000.

OLIVEIRA, Régis Fernandes de. *Moralidade e impessoalidade administrativa*. RT/Fasc Civ., ano 88, v. 766, ago. 1999.

OSÓRIO, Fábio Medina. O uso da máquina administrativa e as finalidades privadas dos agentes públicos: observações sobre a Lei número 9.504/97 à luz da Constituição Federal de 1988. *Revista do Ministério Público do Rio Grande do Sul*, Porto Alegre: [s. ed.], jan/jun 2000, nº 41, 53-98.

PASQUALINI, Alexandre. *Hermenêutica e Sistema Jurídico*: uma introdução à interpretação sistemática do direito. Porto Alegre: Livraria do Advogado, 1999.

PEREZ LUÑO, Antônio Enrique. *Derechos Humanos*, Estado de Derecho y Constitución. 6ª ed. Madrid: Tecnos, 1999.

RANDAZZO, Sal. *A criação de mitos na publicidade*: como publicitários usam o poder do mito e do simbolismo para criar marcas de sucesso. Trad. Mário Fondelli. Rio de Janeiro: Rocco, 1997.

RIBEIRO, Maria Tereza de Melo. *O princípio da imparcialidade na Administração Pública*. Coimbra: Livraria Almedina, 1996.

RIVERO, Jean. *Direito Administrativo*. Trad. Rogério Ehrhardt Soares. Coimbra: Almedina, 1981.

ROCHA, Cármen Lúcia Antunes. *Princípios constitucionais da administração pública*. Belo Horizonte: Del Rey, 1994.

ROSENN, Keith S. *O jeito na cultura jurídica brasileira*. Rio de Janeiro: Renovar, 1998.

ROUSSEAU, Jean-Jacques. *Do Contrato Social*. Coleção "Os Pensadores", v. I, São Paulo: Nova Cultural, 1997.

RUSCHEL, Ruy Ruben. *Direito Constitucional em tempos de crise*. Porto Alegre: Sagra Luzzatto, 1997.

SANDMANN, Antônio José. *A linguagem da propaganda*. Coleção Repensando a Língua Portuguesa, São Paulo: Contexto, 1993.

SALDANHA, Nelson. *Formação da Teoria Constitucional*. Rio de Janeiro: Renovar, 2000.

——. *O jardim e a praça*: ensaio sobre o lado privado e o lado público da vida social e histórica. Porto Alegre: Fabris, 1986.

SAMPAIO, Rafael. *Propaganda de A a Z*: Como usar a propaganda para construir marcas e empresas de sucesso. 7ª ed. Rio de Janeiro: Campus, 1999.

SANTOS, Boaventura de Souza. Reinventar a democracia: entre o pré-contratualismo e o pós-contratualismo. In: *A crise de paradigmas em ciências sociais e os desafios para o século XXI*, Rio de Janeiro: Contraponto Editora, 1999, p. 33 a 75.

SARLET, Ingo Wolfgang. *A eficácia dos direitos fundamentais*. Porto Alegre: Livraria do Advogado, 1998.

SCHWARTZENBERG, Roger Gerard. *O Estado Espetáculo*. Trad. Heloysa de Lima Dantas. Rio de Janeiro: Difel, 1978.

SHIRMER, Mário Sérgio de A. & GEBRAN NETO, João Pedro. *A publicidade estatal em face da Constituição Federal de 1988*. Paraná Judiciário, v. 1 – quadrimestral, Curitiba: Juruá, março, 1992.

SIEYÈS, Emmanuel Joseph. *A constituinte burguesa. "Qu'est-ce que le Tiers État?"*. 3ª ed. Trad. Norma Azeredo, Rio de Janeiro: Lumen Juris, 1997.

SILVA, José Afonso da. *Curso de Direito Constitucional Positivo*. 17ª ed. São Paulo: Malheiros, 2000.

STRECK, Lenio Luiz. *Hermenêutica Jurídica e(m) crise*. Porto Alegre: Livraria do Advogado, 1999.

STUMM, Raquel Denize. *O princípio da proporcionalidade no Direito Constitucional Brasileiro*. Porto Alegre: Livraria do Advogado, 1995.

TÁCITO, Caio. *O princípio da legalidade: ponto e contraponto*. Estudos em homenagem a Geraldo Ataliba, Celso Antônio Bandeira de Mello (Org.). São Paulo: Malheiros, 1997, p. 142 a 151.

WEBER, Max. *Economia y Sociedad*. 2ª ed. Trad. José Medina Echavarría et. alli. México: Fondo de Cultura Económica, 1992.

ZAGO, Lívia Maria Armentano Koegnigstein. O princípio da impesssoalidade. Rio de Janeiro: Renovar, 2001.

ZIPPELIUS, Reinhold. *Teoria Geral do Estado*. 3ª ed. Trad. Karin Praefke-Aires Coutinho. Lisboa: Calouste Gulbenkian, 1997.

Impressão:
Evangraf
Rua Waldomiro Schapke, 77 - P. Alegre, RS
Fone: (51) 3336.2466 - Fax: (51) 3336.0422
E-mail: evangraf.adm@terra.com.br